Antonio Socci

Il segreto di Benedetto XVI

Perché è ancora Papa

Rizzoli

Pubblicato per

Rizzoli

da Mondadori Libri S.p.A.
Proprietà letteraria riservata
© 2018 Mondadori Libri S.p.A., Milano

ISBN 978-88-17-10529-3

Prima edizione: novembre 2018

www.antoniosocci.com
 Antonio Socci pagina ufficiale
 @AntonioSocci1

Realizzazione editoriale: Sara Grazioli e Corpo4 Team

Il segreto di Benedetto XVI

*Se si rimuovesse dal mondo la Chiesa, il mondo
giungerebbe in breve tempo alla sua fine.*
John Henry Newman

*Mi gridano da Seir:
«Sentinella, quanto resta della notte?
Sentinella, quanto resta della notte?».*
Isaia 21,11

PRIMA PARTE

L'origine mistica, economica
e politica del dramma

Venne infine un tempo in cui tutto ciò che gli uomini avevano considerato come inalienabile divenne oggetto di scambio, di traffico, e poteva essere alienato; il tempo in cui quelle stesse cose che fino ad allora erano state comunicate ma mai barattate, donate ma mai vendute, acquisite ma mai acquistate – virtù, amore, opinione, scienza, coscienza, ecc. – tutto divenne commercio. È il tempo della corruzione generale, della venalità universale, o, per parlare in termini di economia politica, il tempo in cui ogni realtà, morale e fisica, divenuta valore venale, viene portata al mercato per essere apprezzata al suo giusto valore.*

Karl Marx

Faceva sì che tutti, piccoli e grandi, ricchi e poveri, liberi e schiavi ricevessero un marchio sulla mano destra e sulla fronte; e che nessuno potesse comprare o vendere senza avere tale marchio, cioè il nome della bestia o il numero del suo nome. Qui sta la sapienza. Chi ha intelligenza calcoli il numero della bestia: essa rappresenta un nome d'uomo. E tal cifra è seicentosessantasei.

Apocalisse 13,16-18

* Karl Marx, *Miseria della filosofia*, cap. I.

Chiesa e impero, come nella crisi ariana

> *L'oscurità totale si verifica quando tutti chiudono gli occhi.*
>
> Rastko Zakić

«La Santa Madre Chiesa è dinanzi a una crisi senza precedenti in tutta la sua storia» ha scritto padre Serafino M. Lanzetta. Anche R. Emmett Tyrrell Jr., sul «Washington Times», usa la stessa immagine: «È arrivata l'ora che papa Francesco riconosca che è stato a capo della Chiesa Cattolica in un momento di crisi senza precedenti».[1]

La dolorosa serie di scandali per abusi che la travolge – con un vertice vaticano che non l'affronta – è solo la punta dell'iceberg di un grande smarrimento spirituale.

Il dramma, più vasto e profondo, ha come nodi la crisi di credibilità del papato di Jorge Mario Bergo-

---

[1] Serafino M. Lanzetta, *Alla radice della presente crisi della Chiesa*, in Sandro Magister, *La malattia della Chiesa si chiama post-modernismo. La diagnosi di un teologo*, «L'Espresso», 5 ottobre 2018, https://bit.ly/2QDvcUB.
R. Emmett Tyrrell Jr., *The Pope at a Loss for Words*, «The Washington Times», 16 ottobre 2018, https://bit.ly/2PGV2Xu, tradotto in italiano al sito https://bit.ly/2ypgrhf.

glio, fonte di immensa confusione tra i fedeli, e il rischio incombente di deviazioni dalla dottrina cattolica che potrebbero portare la cristianità all'apostasia e allo scisma.

Di sfondo a tutto questo c'è l'evento traumatico della rinuncia di Benedetto XVI. Il cardinale Walter Brandmüller ha scritto che «la rinuncia di un papa presuppone – e al contempo crea – una situazione ecclesiale pericolosissima».[2]

Ma la tragica situazione in cui si trova la Chiesa cattolica non riguarda solo i cattolici: riguarda anche l'intera società. Non a caso coincide con un momento di preoccupante turbolenza sul piano spirituale, culturale, civile. E anche geopolitico.

Nel libro *La profezia finale* ho raccolto i tanti avvertimenti soprannaturali giunti alla Chiesa e al mondo tramite apparizioni e profezie sul nostro tempo che appare veramente decisivo nella storia dell'umanità.

La Chiesa – con il suo sacrificio eucaristico quotidiano – è il grande esorcismo che impedisce al Male di dilagare e di portare l'umanità all'autodistruzione: eppure oggi è proprio quel sacramento a essere sotto attacco da parte di chi dovrebbe custodire la retta fede.

[2] Walter Brandmüller, *È necessaria una legge che stabilisca lo statuto dell'ex-papa*, in Sandro Magister, *Brandmüller: «La rinuncia del papa è possibile, ma è da sperare che non succeda mai più»*, «L'Espresso», 18 luglio 2016, https://bit.ly/2E4BM4P.

Dunque, è essenziale capire qual è l'origine di questa situazione che indebolisce la presenza salvifica della Chiesa e la sua potenza di intercessione e di protezione.

La crisi attuale ha una causa che – come la «lettera rubata» di Edgar Allan Poe – si cerca per ogni dove, mentre sta da sempre sotto gli occhi di tutti, in bella evidenza. Solo che nessuno ha pensato – o ha voluto – cercarla lì dove, in effetti, doveva stare e dove si trova: si tratta del venir meno della fede, del modernismo e dell'apostasia che dilagano anche nel ceto ecclesiastico. Tutto questo si è coniugato con la nuova situazione geopolitica, venutasi a creare dopo il crollo del comunismo nell'Est europeo: potremmo definirla una globalizzazione neocapitalista che è ideologicamente anticattolica.

La sintonia tra i due fenomeni si è manifestata attorno al 2013 con la potenza dirompente di un fulmine contro la «pietra» fondamentale su cui è appoggiato l'edificio cattolico: il vicario di Cristo. Non era mai accaduto.

«Il papato, infatti, fino all'attimo prima della rinuncia di Benedetto XVI» scrive Fabrizio Grasso «è stato l'unica istituzione politica (oltreché spirituale) al mondo a non vacillare mai dal momento della sua fondazione. Nemmeno la Rivoluzione francese, la breccia di Porta Pia e il Concilio Vaticano II (che ha provocato una lacerazione ancora aperta all'interno della Chiesa) sono stati in grado di mettere in crisi il monumento politico dell'Occidente.»[3]

Per capire cosa è accaduto e cosa sta accadendo occorre, dunque, tornare a quello che si verificò allora.

È ciò che troverete in queste pagine. Ma prima è necessario fare una breve incursione ai primi secoli cristiani.

***

Dopo i primi tre secoli di persecuzione, che segnano l'inizio del suo cammino, con il martirio di quasi tutti i successori di Pietro, la Chiesa non si trovò affatto al sicuro grazie all'Editto di Costantino del 313 d.C.

Anzi, proprio in quel momento dovette affrontare un pericolo nuovo, imprevisto e molto più insidioso della persecuzione imperiale: l'inquinamento imperiale, ossia l'eresia ariana che – per influenza dell'imperatore che appoggiava questa corrente eterodossa interna – stava dilagando nella Chiesa, minando la vera fede e la vera dottrina, quindi minando alla radice la Chiesa stessa.

L'affermarsi dell'eresia ariana avvenne con modalità che poi tenderanno a ripetersi. Il beato cardina-

---

[3] Fabrizio Grasso, *La rinuncia*, Algra Editore, Viagrande (CT) 2017, p. 33.

le John Henry Newman, studioso di quella vicenda, scriveva:

> Vediamo in essi [gli ariani, *NdA*] la stessa tendenza ad adattare il Credo cristiano all'umore di un sovrano terreno, la stessa ricchezza argomentativa a sostegno della propria versione del Credo, la loro profanazione temeraria delle cose sacre, la stessa paziente diffusione dell'errore, a profitto dell'età a loro posteriore.[4]

Newman (che ascrive agli ariani anche la «crudeltà e durezza di cuore messa a nudo nelle persecuzioni da loro fomentate contro i cattolici») ha mostrato che quella fu la più grave crisi nella storia della Chiesa, molto più delle persecuzioni che fin dalle origini ne hanno segnato di sangue il cammino.

Il pensiero teologico-politico cristiano ha sempre ritenuto che fosse lì la minaccia peggiore: non le persecuzioni in sé, ma un odio persecutore del mondo che si avvale di una demolizione della fede dall'interno, attraverso l'apostasia dalla verità.

Non a caso – basandosi sulla Sacra Scrittura – la Chiesa insegna che l'Anticristo si presenterà, appunto, come «impostura religiosa» e sarà la massima incarnazione di questa costante minaccia.

---

[4] John Henry Newman, *Gli Ariani del IV secolo*, a cura di G. Colombi-E. Guerriero, Jaca Book-Morcelliana, Milano-Brescia 1981, pp. 216-217.

Lo spiega bene, al n. 675, il Catechismo della Chiesa cattolica:

> Prima della venuta di Cristo, la Chiesa deve passare attraverso una prova finale che scuoterà la fede di molti credenti. La persecuzione che accompagna il suo pellegrinaggio sulla Terra svelerà il «mistero di iniquità» sotto la forma di una impostura religiosa che offre agli uomini una soluzione apparente ai loro problemi, al prezzo dell'apostasia dalla verità. La massima impostura religiosa è quella dell'anticristo, cioè di uno pseudo-messianismo in cui l'uomo glorifica se stesso al posto di Dio e del suo Messia venuto nella carne.

Per questo la Chiesa ha sempre cercato – per quanto possibile, nell'ostile buio del mondo – di impedire che le potenze mondane potessero minare la purezza della fede, della dottrina cattolica e snaturare la missione divina della Chiesa.

La quale ha sempre saputo che avrebbe subìto la persecuzione, non avendo da temere da essa se non il martirio del corpo. Ma ha sempre cercato di guardarsi dai poteri mondani e dalle eresie che attentano all'anima della Chiesa.

Certo, si è trattato di costruire continuamente su un equilibrio drammatico e instabile, basti pensare alla lotta per le investiture fra papato e impero (fra XI e XII secolo) o al periodo avignonese (XIV secolo) o alla fine dello Stato pontificio (seconda metà del XIX secolo).

Le grandi e medie potenze che, di volta in volta, le hanno dato protezione hanno cercato, in tutti i modi, di influenzare o addirittura condizionare la più grande autorità spirituale del mondo: il papato.

Ma, pur trattandosi di strategie di potere geopolitico che spesso hanno fatto danni alla Chiesa, erano sempre di «Stati cattolici» o – per interesse politico – non avversi, che avevano l'obiettivo di ampliare o rafforzare la propria influenza internazionale, non certo quella di cambiare e stravolgere la natura della Chiesa, la sua missione e la sua dottrina.

C'è stato solo un altro caso del passato in cui il potere politico – appoggiando un'eresia – ha attaccato il cuore della fede e in effetti ha prodotto la più grande tragedia spirituale della storia cristiana: lo scisma protestante.

Fu, appunto, un'eresia interna alla Chiesa che venne supportata e amplificata dai principi tedeschi per i loro forti interessi economici e politici antiromani. E fu grazie a questo sodalizio politico ed economico che il protestantesimo poté sprigionare i suoi enormi effetti.[5]

Tuttavia, non fu un veleno che riuscì ad abbattere la Chiesa nella sua essenza: fu però una dolorosa amputazione di popoli dalla vera vite. Lutero non riuscì a minare la fede della Chiesa e il papato.

---

[5] Cfr. Rodney Stark, *Il trionfo del Cristianesimo*, Lindau, Torino 2012, pp. 418 ss.

Perfino Napoleone, che letteralmente fece prigioniero il papa e che pretendeva di imporre l'ideologia laicista della Rivoluzione francese, non stravolse (o non fu in grado di stravolgere) la natura della Chiesa pur perseguitandola e tentando di asservirla.

Anche in avverse condizioni la Chiesa ha cercato sempre di destreggiarsi fra le diverse potenze trovando un qualche assetto politico, un qualche compromesso, che la proteggesse nella sua missione di evangelizzazione e santificazione, senza snaturare la sua dottrina, la sua missione e la sua identità.

Così è stato anche dopo la fine del potere temporale e dello Stato pontificio, nel 1871, e fino al secondo dopoguerra.

Dal 1945 al 1990, in sostanza, l'Occidente ha garantito la libertà della Santa Sede perché gli Stati Uniti consideravano la Chiesa un fondamentale argine, nella Guerra Fredda, contro la barbarie, cioè il comunismo dell'Est europeo.

I partiti democristiani occidentali – a cominciare dalla Dc in Italia – rappresentavano il tramite concreto di questa alleanza fra Santa Sede e Usa. Un'alleanza però in cui la Santa Sede era libera e permetteva anche alla Dc di non essere «serva degli americani», come dimostra – per esempio – la lungimirante politica di Aldo Moro che non a caso era legatissimo a Paolo VI (in questo contesto occorre ricordare il nome di Enrico Mattei che incarnava al meglio la relativa indipendenza della politica estera italiana).

Con il crollo del comunismo del 1989 anche il Vaticano (con la Chiesa cattolica), così come l'Italia, ha perso importanza geopolitica e ha perso la «protezione» americana.

Questo ha portato in Italia alla fine della Prima Repubblica e al dissolvimento dei vecchi partiti (anzitutto la Dc).

E il Vaticano? Per il Vaticano c'è voluto più tempo. Infatti, negli anni Novanta ha potuto continuare nella sua missione, senza essere travolto dal nuovo ordine mondiale, perché il carisma di Giovanni Paolo II, vincitore morale e non violento del comunismo, era tale agli occhi dei popoli da garantire una piena libertà alla Chiesa.

Così il papa polacco poté opporsi – con forza e autorevolezza – alla prima guerra all'Iraq di George Bush.[6] Fu un grande segno di libertà e indipendenza della Santa Sede e di fedeltà alla sua missione. Ma già con quegli eventi si cominciarono a percepire da oltreoceano incrinature e segnali di forte irritazione.

Stava iniziando una rivoluzione planetaria che avrebbe investito anche la Chiesa e che rischiava di stravolgerne la natura.

Prima accadde – con la presidenza di Bush

---

[6] Il tempo ha dimostrato che Giovanni Paolo II aveva ragione. Quella guerra aprì una stagione disastrosa per il mondo e tragica per i cristiani del Medio Oriente. Si veda Andrea Tornielli, *La guerra in Iraq e la profezia di san Giovanni Paolo II*, Vatican Insider, 8 luglio 2016, https://bit.ly/2C0ijQp.

junior – quando si cercò di arruolare la Chiesa contro Saddam Hussein nella prospettiva neocon di una guerra all'Islam, ma in realtà, paradossalmente, alla parte più laica dell'Islam, ancora una volta con effetti devastanti per i cristiani d'Oriente. Una guerra assai opaca e dal forte odore petrolifero come la precedente.

Ma la Chiesa (che pure aveva molto chiaro il problema rappresentato dall'Islam) si rifiutò di trasformarsi in cappellania della Casa Bianca, come una delle tante confessioni fondamentaliste protestanti americane. La debolezza di Bush junior e la forza morale del pontificato di Giovanni Paolo II non fecero realizzare quel progetto.

Poi il gioco si è fatto duro. Con la presidenza di Barack Obama/Hillary Clinton – in continuità con le presidenze di Bill Clinton degli anni Novanta – si è imposta su scala planetaria un'ideologia laicista, mascherata da ideologia *politically correct*, a supporto dell'egemonia planetaria degli Usa e della globalizzazione finanziaria.

Dunque il pontificato di Benedetto XVI è diventato un ostacolo. Ha preso forza l'idea di trasformare la Chiesa cattolica a immagine delle (moribonde) confessioni protestanti nordeuropee, anche a supporto di un'Unione europea egemonizzata dalla Germania e – con Maastricht e l'euro – pilastro della globalizzazione mercatista, oltreché allineata alla nuova ideologia obamiana.

***

Occorre comprendere bene questo passaggio storico. Morto Giovanni Paolo II nel 2005, con il pontificato di Benedetto XVI, ma soprattutto dopo l'elezione di Barack Obama alla Casa Bianca e l'arrivo di Hillary Clinton al Dipartimento di Stato, per la prima volta da secoli la Chiesa cattolica si è trovata totalmente indifesa, non potendo più contare sull'alleanza strategica di alcuna potenza politica.

Infatti, nessun Paese importante è più politicamente di area cattolica o comunque vicino alla Santa Sede e l'Unione europea a dominio franco-tedesco è allineata all'agenda Obama (che poi è anche l'agenda fortemente ideologizzata dei grandi organismi sovrannazionali come l'Onu).

Da parte di Benedetto XVI non c'era nessuna freddezza preconcetta verso gli Usa, anzi, in un discorso del 2008, ebbe parole molto elogiative sul rapporto fra Stato e Chiesa di quel grande Paese, considerandolo un esempio di «sana» laicità:

Dall'alba della Repubblica, l'America è stata [...] una nazione che apprezza il ruolo del credo religioso nel garantire un ordine democratico vibrante ed eticamente sano. [...] Lo storico apprezzamento del popolo americano per il ruolo della religione nel forgiare il dibattito pubblico e nell'illuminare l'intrinseca dimensione morale delle questioni sociali, un ruolo a volte contestato in nome di una comprensione limitata della vita politica e del dibattito pubblico, si riflette

negli sforzi di così tanti suoi concittadini e responsa-
bili di governo per garantire la tutela legale del dono
divino della vita dal concepimento alla morte naturale e la salvaguardia dell'istituzione del matrimonio,
riconosciuto come unione stabile tra un uomo e una
donna, e quella della famiglia.[7]

Ma tutto questo avveniva prima dell'elezione di
Barack Obama. Roberto Regoli, che ha dedicato
un importante studio al pontificato di Benedetto
XVI, nota:

> Con la presidenza di Barack Obama cambia la mu-
> sica […], ci si scontra […] intorno ai matrimoni
> omosessuali, all'aborto, alla ricerca sulle cellule sta-
> minali. La stessa Conferenza episcopale nazionale
> non si ritrova con l'Amministrazione di Washington
> intorno alla riforma sanitaria o alla cosiddetta agen-
> da «liberal».[8]

Ecco il punto: quell'agenda liberal diventa di fatto
una pressante agenda ideologica per tutto il mondo.
Benedetto XVI – che già subiva una pesante opposizione modernista dentro la Chiesa – si è trovato
a essere di colpo un grande segno di contraddizione
rispetto al *mainstream*, ai media e ai progetti dei
poteri mondani che ormai puntavano a una vera e

---

[7] *Discorso di Sua Santità Benedetto XVI a S.E. la signora Mary Ann
Glendon nuovo ambasciatore degli Stati Uniti d'America presso la
Santa Sede*, 29 febbraio 2008, https://bit.ly/2pJDpuO.
[8] Roberto Regoli, *Oltre la crisi della Chiesa. Il pontificato di Benedetto XVI*, Lindau, Torino 2016, pp. 354-355.

propria «normalizzazione» della Chiesa cattolica, attraverso quella che definiscono «apertura alla modernità», cioè una protestantizzazione, che ne spazza via i connotati fondamentali.

In qualche modo, Benedetto XVI (soprattutto negli ultimi cinque durissimi anni di pontificato) ha incarnato la figura profetica della Chiesa che Pier Paolo Pasolini auspicava negli anni Settanta, anche se – non potendo prevedere nel dettaglio il crollo del comunismo, la globalizzazione e il potere finanziario planetario – dava al nemico il nome generico e fuorviante di «consumismo».

Seppe però intravedere il volto di un nuovo totalitarismo dietro le maschere libertarie dei nuovi costumi sessuali voluti dal potere.

Egli scrisse: «Se molte e gravi sono state le colpe della Chiesa [...] la più grave di tutte sarebbe quella di accettare passivamente la propria liquidazione da parte di un potere che se la ride del Vangelo».
Quindi proseguiva:

Essa [la Chiesa, *NdA*] dovrebbe passare all'opposizione. [...] Dovrebbe passare all'opposizione contro un potere che l'ha così cinicamente abbandonata, progettando, senza tante storie, di ridurla a puro folclore... Riprendendo una lotta che è peraltro nelle sue tradizioni (la lotta del Papato contro l'Impero), ma non per la conquista del potere, la Chiesa potrebbe essere la guida, grandiosa ma non autoritaria, di tutti coloro che rifiutano [...] il nuovo potere consumistico che è completamente irreligioso, totalitario, violento; falsamente tollerante, anzi, più repressivo che mai; corruttore; degradante. [...] O fare questo o accettare un potere che non la vuole più: ossia suicidarsi.[9]

Un'intuizione profetica che trent'anni dopo si realizza e riecheggia proprio nelle parole drammatiche con cui il cardinale Joseph Ratzinger aprì il Conclave del 2005 denunciando una vera e propria «dittatura del relativismo» che si stava instaurando (ancora prima della presidenza Obama):

> Avere una fede chiara, secondo il Credo della Chiesa, viene spesso etichettato come fondamentalismo. Mentre il relativismo, cioè il lasciarsi portare «qua e là da qualsiasi vento di dottrina», appare come l'unico atteggiamento all'altezza dei tempi odierni. Si va costituendo una dittatura del relativismo che non riconosce nulla come definitivo e che lascia come ultima misura solo il proprio io e le sue voglie.[10]

Da quel Conclave uscì eletto proprio il cardinale Ratzinger. E nella messa di inizio pontificato pronunciò parole totalmente inedite per la loro drammaticità.

---

[9] Pier Paolo Pasolini, *Lo storico discorsetto di Castelgandolfo*, in *Scritti corsari*, Garzanti, Milano 1995, pp. 77-81. Originariamente pubblicato sul «Corriere della Sera» del 22 settembre 1974 con il titolo: *I dilemmi di un Papa, oggi*.

[10] *Missa pro eligendo romano pontefice*, omelia del cardinale Joseph Ratzinger, decano del Collegio cardinalizio, 18 aprile 2005, https://bit.ly/2y5QymE.

Benedetto XVI era forse l'unico ad avere la consapevolezza della situazione fin dall'inizio del suo pontificato e cercò di farlo intuire anche al popolo cristiano proprio in quella messa di insediamento, quindi nell'evento più solenne e pubblico.

Le sue parole, davvero inusuali per quelle cerimonie e per un uomo come Ratzinger, incredibilmente passarono quasi inosservate, ma anche questo non può essere stato casuale. Egli disse nella sua omelia: «Pregate per me, perché io non fugga, per paura, davanti ai lupi».[11]

Nessuno si chiese il motivo di quella sorprendente espressione o chi fossero i lupi a cui alludeva.

Nessuno si domandò perché un uomo sempre prudente e pacato come Joseph Ratzinger avesse deciso di lanciare quella «bomba» in un momento così solenne in cui aveva tutti gli occhi della Chiesa e del mondo addosso.

Nessuno s'interrogò su quale titanico scontro Benedetto XVI sapesse di dover affrontare. Non era solo uno scontro col mondo – d'improvviso avverso alla Chiesa – ma anche all'interno della Chiesa stessa.

Colpisce il fatto che l'ostilità verso Benedetto XVI accomunasse le realtà più diverse. Fu evidente quando, il 12 settembre 2006, pronunciò lo stori-

---

[11] Omelia di Sua Santità Benedetto XVI, 24 aprile 2005, https://bit.ly/2y76UeG.

co – e formidabile – *Discorso di Ratisbona*, del tutto frainteso dai media.

Quel discorso, che non era una dichiarazione di guerra, ma, al contrario, era una mano tesa sia al mondo islamico sia al laico Occidente, in base al comune terreno di dialogo rappresentato dalla ragione, convogliò sul pontefice gli attacchi e l'ostilità dei musulmani, dell'Occidente laico e dell'universo cattolico progressista. Scrisse René Girard: «Ciò che io vedo in questo discorso è prima di tutto una perorazione della ragione. Tutti si sono scagliati contro il papa (ma) questo papa, considerato un reazionario, si è comportato da difensore della ragione».

Non va peraltro dimenticato che nel 2007 Benedetto XVI fu addirittura costretto a declinare l'invito del rettore dell'Università di Roma La Sapienza a tenere una lezione d'inaugurazione dell'anno accademico a causa delle furibonde reazioni che quell'invito suscitò nel mondo intellettuale e universitario. Un episodio emblematico del clima in cui Benedetto XVI dovette guidare la Chiesa.

Chi (e perché) voleva una rivoluzione nella Chiesa

Pascere vuol dire amare, e amare vuol dire anche essere pronti a soffrire.[12]

Benedetto XVI

È ancora il 2007 (quindi poco prima dell'era Obama/Clinton) quando Benedetto XVI, nell'enciclica *Spe Salvi*, prospetta gli effetti tragici della scristianizzazione per l'umanità.

Ratzinger lo fa in un modo singolare, ma che è tipico del grande intellettuale che egli è, ovvero con una citazione di Immanuel Kant, per rivolgersi così alla ragione di tutti. Voglio riproporre di nuovo quel passo:

Nel 1794, nello scritto *Das Ende aller Dinge* (La fine di tutte le cose) appare un'immagine mutata. Ora Kant prende in considerazione la possibilità che, accanto alla fine naturale di tutte le cose, se ne verifichi anche una contro natura, perversa. Scrive al riguardo: «Se il cristianesimo un giorno dovesse arrivare a non essere più degno di amore [...] allora il pensiero dominante degli uomini dovrebbe diventare quello di un rifiuto e di un'opposizione contro di esso; e l'anti-

---

[12] Omelia di Sua Santità Benedetto XVI, 24 aprile 2005, cit.

cristo [...] inaugurerebbe il suo, pur breve, regime (fondato presumibilmente sulla paura e sull'egoismo). In seguito, però, poiché il cristianesimo, pur essendo stato destinato ad essere la religione universale, di fatto non sarebbe stato aiutato dal destino a diventarlo, potrebbe verificarsi, sotto l'aspetto morale, la fine (perversa) di tutte le cose».

Il papa indicava così una serie di elementi da tenere presente: apostasia nella Chiesa, odio della fede da parte del mondo, l'anticristo e «la fine (perversa) di tutte le cose».

Un quadro teologico-politico che evidentemente doveva essere trasportato al presente, anche perché – in effetti – la nostra è la prima epoca della storia universale in cui gli uomini (o meglio i poteri mondani) hanno davvero la possibilità reale di decretare «la fine (perversa) di tutte le cose». E di farlo, fra l'altro, in pochi attimi. Un potere che si può definire «anticristico».

Di fronte a tale scenario apocalittico Benedetto XVI indica l'unico possibile deterrente: l'ancoraggio alla vera fede, a Cristo e alla sua Chiesa. Del resto, il giudizio politico della Chiesa sui diversi poteri ha come criterio non valutazioni mondane, ma Cristo stesso e la verità sull'uomo che egli ha rivelato.

Da quel 2007, anno della *Spe Salvi*, sono accaduti due eventi che devono essere letti nella prospettiva indicata da Benedetto XVI.

Primo: la crisi finanziaria del 2007-2008 che ha

mostrato il baratro in cui la globalizzazione merca-tista stava portando il mondo. Secondo: la risposta (sbagliata) dell'establishment americano, che non ha affatto corretto o ridotto lo strapotere della finanza e «la dittatura del relativismo» e anzi – con Barack Obama e Hillary Clinton – ha continuato a perseguire l'utopia ideologica del mondo unipolare, inventando un nemico esterno, cioè demonizzando la Russia di Vladimir Putin.[13]

Una demonizzazione – alimentata dai neocon e dai liberal – che ha raggiunto livelli assurdi e a cui solo pochi si sono sottratti: fra i pochi c'è Henry Kissinger, refrattario alle guerre ideologiche e da sempre esempio di realismo politico.

Un altro è il professor Stephen F. Cohen (Princeton University), uno dei maggiori studiosi della Russia che ha fatto una valutazione obiettiva del leader russo, demolendo tutti gli stereotipi infondati messi in circolazione sui media in questi anni contro di lui: «Molte delle politiche di Washington sono state for-

---

[13] Il *casus belli* per cui sono state imposte sanzioni contro la Russia è relativo alla controversia fra Ucraina e Crimea. A parte il fatto che occorrerebbe ricostruire tutte le interferenze straniere in Ucraina e quello che è veramente successo, è singolare che gli Usa si siano opposti all'autodeterminazione della repubblica di Crimea che con un referendum ha plebiscitariamente deciso di lasciare l'Ucraina e aderire alla Federazione russa. Infatti, proprio l'Occidente ha sostenuto il principio di autodeterminazione dei popoli per tutte le repubbliche ex sovietiche (Ucraina inclusa) o per quelle ex jugoslave e gli stessi Stati Uniti sono nati da una dichiarazione di indipendenza dalla Gran Bretagna.

temente influenzate dalla demonizzazione di Putin, una denigrazione personale di gran lunga superiore a qualsiasi altra mai applicata ai leader comunisti della Russia sovietica».[14]

Certamente la Russia non è il migliore dei mondi possibili (nemmeno gli Usa lo sono) e certamente i russi di oggi dovranno cambiare alcune cose, ma sono usciti da settant'anni di totalitarismo comunista e da dieci anni di devastazione sotto Boris Eltsin e stanno costruendo un Paese molto più prospero e democratico di quanto abbiano mai avuto. Avrebbero bisogno di un Occidente amico, che li aiutasse in questa costruzione: lo hanno cercato più volte in questi anni, ma invece se lo ritrovano accanitamente nemico.

La politica americana nei confronti di Putin è molto aggressiva. Non lo dimostra solo l'espansione della Nato nell'Est europeo, iniziata da Bill Clinton e avvenuta in barba all'impegno preso con Mikhail Gorbaciov.[15]

«Gli americani» scrive Diana Johnstone «sembrano incapaci di comprendere perché una nazione che

[14] Stephen F. Cohen, *Who Putin Is Not*, «The Nation», 20 settembre 2018.
[15] «I leader degli Stati Uniti sono riusciti a dimenticare completamente la promessa formulata nel 1990 di non allargare la Nato a Est in cambio dell'autorizzazione concessa alla Germania riunificata di entrare a far parte dell'Alleanza Atlantica», Diana Johnstone, *Hillary Clinton. Regina del caos*, Zambon, Francoforte sul Meno 2016, p. 178.

in epoca moderna è stata per due volte vittima di massicce e devastanti invasioni da parte dell'Occidente dovrebbe preoccuparsi vedendo gli Stati Uniti estendere fino alla sua porta di casa il più grande apparato militare della storia.» Infatti, «anziché raccogliere le numerose aperture fatte dalla Russia in favore di una cooperazione pacifica, l'amministrazione Clinton preferì trattare la Russia come un nemico sconfitto».[16]

L'amministrazione Obama/Clinton, poi, è arrivata a livelli di tensione militare allarmanti contro la Russia, con pericolose provocazioni da apprendisti stregoni[17] e senza alcun motivo logico, se non il solo fatto che, con Putin, la Russia si è liberata del sel-

---

[16] Ivi, pp. 178-179.

[17] È significativo che una personalità di rilievo come Romano Prodi, peraltro contrario alle sanzioni alla Russia («Occorre togliere immediatamente le sanzioni alla Russia» dichiarava a «Il Fatto quotidiano» del 23 gennaio 2017), in un'intervista dell'ottobre 2016, si sia mostrato molto critico sulla linea muscolare e ultra-americana della Ue: «Non abbiamo capito la storia, e cioè che nel mondo globalizzato l'Europa ha bisogno della Russia e la Russia ha bisogno dell'Europa». Prodi ha poi stroncato la decisione di «mandare i soldati Nato a fare esercitazioni al confine con la Russia e aprire all'ingresso di Paesi come l'Ucraina e la Georgia nella Nato» perché «quelle sono storicamente delle zone-cuscinetto che sono sempre servite a evitare guai e incidenti». Infine, ha messo in guardia dall'escalation bellica: «Stiamo assistendo a una sorta di via libera ai militari, pericoloso perché può innescare incidenti e derive militari la cui portata potrebbe essere difficile da contenere», *Romano Prodi, l'allarme: «Rischio di derive militari»*, Liberoquotidiano.it, 26 ottobre 2016, https://bit.ly/2Pj10xO.

vaggio, devastante caos degli anni Novanta e ha una sua politica autonoma, che non si piega davanti alla pretesa imperiale Usa e davanti alla colonizzazione ideologica dei liberal americani, cioè alla dittatura del relativismo.[18]

Da questo punto di vista è molto significativo il giudizio – assai argomentato – che Benedetto XVI, nel suo ultimo libro-intervista da papa emerito, ha

---

[18] Naturalmente la Russia di Putin ha i suoi punti critici, come del resto tutti gli altri Paesi, chi più, chi meno. Ma la demonizzazione di cui è fatta oggetto è incomprensibile, considerando il passato comunista da cui è uscita e considerati i regimi di cui l'Occidente è alleato o quelli verso i quali non ha obiezioni, né applica sanzioni (due esempi sono l'Arabia Saudita e la Cina). Tale demonizzazione dunque si spiega solo con l'indisponibilità di Putin a piegare la testa di fronte all'egemonia Usa. È significativo, per esempio, che uno dei capi di imputazione più ripetuti dalla stampa *mainstream* nei confronti di Putin sia la presunta legislazione «omofobica». A questo proposito ecco cosa ne ha scritto Giulietto Chiesa che di sicuro ha idee laiche e non può essere sospettato di simpatie religiose: «L'accusa di omofobia è stata uno strumento usato in lungo e in largo contro il presidente russo», ma «l'omosessualità, che fino a ieri anche in molte zone dell'Occidente era considerata indecorosa quando non illegale, ora non è solo consentita, per solenne decisione americana (che tutto il mondo deve ora accettare come propria), è diventata una condizione normale, accessoriata di tutti i diritti civili (il che è ineccepibile) e quasi innalzata a esempio (il che, invece, è largamente eccepibile). Oggi l'omosessualità è stabilmente ai primi posti nell'agenda dell'Occidente. Nel resto del mondo non è affatto così, ma l'Occidente ritiene di avere il diritto di imporre quell'agenda. Il fatto che in Russia la propaganda dell'omosessualità sia stata vietata è diventato un ulteriore argomento da inserire nell'insensata sarabanda di accuse e di falsificazioni il cui bersaglio generale è sempre Putin». Giulietto Chiesa, *Putinfobia*, Piemme, Milano 2016, pp. 129-130.

dato su questi due uomini simbolo: Barack Obama
e Vladimir Putin.

Ecco l'elegante stroncatura di Obama: «È un
grande politico naturalmente, che sa come si ottiene
il successo. Ha determinate idee che non possiamo
condividere».[19]

Ed ecco il significativo apprezzamento per il leader russo:

> [Con Putin] abbiamo parlato in tedesco, lo conosce
> perfettamente. Non abbiamo fatto discorsi profondi,
> ma credo che egli – un uomo di potere – sia toccato
> dalla necessità della fede. È un realista. Vede che la
> Russia soffre per la distruzione della morale. Anche
> come patriota, come persona che vuole riportarla al
> ruolo di grande potenza, capisce che la distruzione
> del cristianesimo minaccia di distruggerla. Si rende
> conto che l'uomo ha bisogno di Dio e ne è di certo
> intimamente toccato. Anche adesso, quando ha con-
> segnato a papa Francesco l'icona, ha fatto prima il
> segno della croce e l'ha baciata.[20]

C'è chi ritiene che proprio questa apertura di Benedetto XVI alla Russia – che di per sé era un
grande contributo alla pace mondiale – sia stata
considerata indigesta, come una grave insubordi-
nazione, dal nuovo ordine americano, che non
l'ha perdonata.

[19] Benedetto XVI (con Peter Seewald), *Ultime conversazioni*, Garzanti, Milano 2016, p. 197.
[20] Ivi, p. 198.

Un analista di studi strategici, Germano Dottori, sulla rivista di geopolitica «Limes» ha avanzato proprio questa tesi:

> Le frizioni tra Chiesa e Stati Uniti non sarebbero venute meno neanche con la scomparsa di Giovanni Paolo II. Avrebbero invece avuto un seguito durante il pontificato di papa Ratzinger, nel corso del quale ad acuirle non sarebbe stato soltanto l'investimento fatto da Barack Obama e Hillary Clinton sull'Islam politico della Fratellanza musulmana durante le cosiddette primavere arabe, ma altresì la ferma volontà di Benedetto XVI di pervenire a una riconciliazione storica con il Patriarcato di Mosca, che sarebbe stata nelle sue intenzioni il vero e proprio coronamento religioso di un progetto geopolitico di integrazione euro-russa sostenuto con convinzione dalla Germania e anche dall'Italia di Silvio Berlusconi – ma non da quella, più filo-americana, che si riconosceva in Giorgio Napolitano. Com'è andata a finire è noto a tutti. Governo italiano e papato sarebbero stati simultaneamente investiti da una campagna scandalistica, coordinata, di rara violenza e priva di precedenti, alla quale si sarebbero associate anche manovre più o meno opache nel campo finanziario, con l'effetto finale di precipitare nel novembre del 2011 l'allontanamento di Berlusconi da Palazzo Chigi e, l'11 febbraio 2013, l'abdicazione di Ratzinger.[21]

[21] Germano Dottori, *Perché ci serve il Vaticano*, «Limes», n. 4/2017, p. 154. In questo contesto Dottori evoca anche alcuni episodi: «Al culmine della crisi, l'Italia avrebbe visto progressivamente chiudersi le porte d'accesso ai mercati finanziari internazionali, mentre l'Istituto per le opere di religione (Ior) sarebbe stato tagliato temporaneamente fuori dal circuito Swift».

Dottori rilasciò anche un'intervista all'agenzia cattolica Zenit. In particolare, gli fu posta questa domanda: «Le mail diffuse durante la campagna elettorale da WikiLeaks svelano aspetti nascosti di Hillary Clinton e del suo staff [ne parleremo dopo, *NdA*]. Da una lettera del 2012 emerge una certa attenzione nei confronti della Chiesa cattolica. Di cosa si tratta?».

Ecco la sua risposta:

> Sono saltati fuori documenti [del 2011-2012, *NdA*] in cui emerge una forte volontà dello staff di Hillary di suscitare una rivolta all'interno della Chiesa, per indebolirne la gerarchia. Si sarebbero serviti di associazioni e gruppi di pressione creati dal basso, seguendo uno schema consolidato nell'esperienza delle rivoluzioni colorate. Non siamo ancora alla «pistola fumante», ma ci siamo vicini. Pur non avendo alcuna prova, ho sempre pensato che Benedetto XVI sia stato indotto all'abdicazione da una macchinazione complessa, ordita da chi aveva interesse a bloccare la riconciliazione con l'ortodossia russa, pilastro religioso di un progetto di progressiva convergenza tra l'Europa continentale e Mosca. Per ragioni simili, credo sia stata fermata anche la corsa alla successione del cardinal Scola, che da patriarca di Venezia aveva condotto le trattative con Mosca.[22]

Le considerazioni di Dottori meriterebbero ricerche e approfondimenti per capire se e quali even-

---

[22] Federico Cenci, *L'America di Trump: mano tesa verso Russia e Chiesa cattolica*, «Zenit», 13 novembre 2016, https://bit.ly/2OflqeA.

tuali forme di pressione o di condizionamento furono esercitate.

Ma l'idea di suscitare una «rivoluzione colorata» dentro la Chiesa, analoga a quella che si stava realizzando col sostegno agli islamisti nelle cosiddette «primavere arabe» (risultate poi devastanti), è molto interessante e non appare affatto infondata.

È comunque evidente che la cosiddetta «rinuncia» di Benedetto XVI vada letta all'interno di questo contesto geopolitico.

Ciò non significa che essa sia stata estorta, anzi sappiamo dallo stesso Benedetto XVI che la sua è stata una decisione libera, anche se questo non esclude che molti premessero e tifassero per le dimissioni, ma esclude che il papa abbia ceduto a una costrizione.

Su questo Benedetto XVI ha parlato chiaro: «Nessuno ha cercato di ricattarmi. Non l'avrei nemmeno permesso. Se avessero provato a farlo non me ne sarei andato perché non bisogna lasciare quando si è sotto pressione».[23]

Certo, il mistero resta. In ogni caso attorno a quell'atto così anomalo e drammatico permangono tanti enigmi, con molte e profonde domande.

Dottori ha il merito di porre al centro della nostra attenzione quella che è – a mio avviso – una

---

[23] Benedetto XVI (con Peter Seewald), *Ultime conversazioni*, cit., posizioni Kindle 433-435.

delle chiavi di volta per capire tanti eventi di questi anni: la guerra (fredda e calda) dichiarata dagli Stati Uniti di Obama e della Clinton contro la Russia di Putin. Una strategia che ha rischiato – se la Clinton avesse vinto la corsa alla Casa Bianca – di sfociare in un vero e proprio conflitto armato diretto fra le due super potenze, con effetti apocalittici. Prospettiva che ancora non è affatto scongiurata.

Il progetto di un mondo unipolare a egemonia americana – che quindi deve piegare una Russia tornata indipendente e autonoma – è l'ultima follia ideologica partorita dal Novecento dei totalitarismi.

È un progetto imperialistico suicida per gli Stati Uniti e pericolosissimo per il mondo, ma impregna così in profondità l'establishment americano (sia nella fazione neocon sia in quella liberal) che perfino Donald Trump – il quale ha vinto contro di loro e contro questa ideologia – deve oggi venire a patti e si trova pesantemente condizionato da questo blocco di potere, che sembra più forte del presidente eletto perché ha in pugno il Deep State.[24]

Ma – a conclusione di tutto questo – va precisato che l'interesse di Benedetto XVI per la cristianità orientale è anzitutto relativo alla difesa della fede, alla comune centralità dell'atto liturgi-

---

[24] Gianandrea Gaiani, *La Nato si prepara a una guerra. Con la Russia*, «La nuova Bussola Quotidiana», 20 febbraio 2018, https://bit.ly/2E4tsSR.

co di adorazione a Dio, ovvero alla centralità dell'Eucaristia, e – quindi, per questa via – all'epocale, auspicato ricongiungimento fra Chiesa ortodossa e Chiesa latina. In una visione alta e grande, questa apertura ha profonde ricadute culturali e politiche.

Ecco un esempio eloquente di quel dialogo di Benedetto XVI con l'ortodossia russa che – secondo Dottori – ha allarmato l'establishment americano.

Il Patriarcato ortodosso ha tradotto l'*opera omnia* di Benedetto XVI e la prefazione a un volume di Ratzinger, dedicato alla liturgia e uscito quando era già papa emerito (nel 2015), è stata firmata dal vescovo ortodosso Hilarion, metropolita di Volokolamsk e presidente del Dipartimento per le relazioni ecclesiastiche esterne del Patriarcato di Mosca.

In quelle pagine Hilarion ricorda che «papa Benedetto ha spesso espresso la sua profonda simpatia per l'ortodossia e da sempre ritiene che, a livello teologico, gli ortodossi siano i più prossimi ai cattolici» (considerazione significativa dal momento che invece il *mainstream* spingeva e spinge in direzione dei protestanti).

Dopo aver ricordato che Ratzinger fu uno dei primi membri della Commissione mista internazionale per il dialogo teologico tra la Chiesa cattolica e la Chiesa ortodossa, fondata nel 1979, aggiunge:

Da teologo, Ratzinger ha fatto sforzi enormi per chiarire la questione del primato del vescovo di Roma, spostando l'accento da una visione giuridica del primato a una sua comprensione primariamente come testimonianza cristiana di tipo particolare e come servizio all'unità nell'amore. Egli è stato sempre fermo oppositore di qualsiasi compromesso nel campo della dottrina della fede, indicando, giustamente, che l'unità – per principio possibile tra Oriente e Occidente – deve essere preparata con cura, deve maturare sia spiritualmente sia a livello pratico, grazie anche a profondi studi di carattere teologico e storico.

Ma il passaggio centrale di Hilarion è questo: «Al nome di papa Benedetto XVI è legata la battaglia per la difesa dei valori cristiani tradizionali e, a un tempo, quella per la riscoperta e la riaffermazione della loro attualità nella moderna società secolarizzata».

Il Patriarcato di Mosca ha deciso, dunque, la pubblicazione dell'opera di Benedetto XVI non solo come «attestato di grande stima per l'autore», ma anche perché egli da sempre «si oppone alla tendenza alla "creatività" superficiale che talvolta mostra oggi il cristianesimo in Occidente, ovvero alla tendenza allo svuotamento del contenuto autentico della liturgia e della sua finalità di essere incontro e legame vitale con Dio e con il suo creato».

Anche se questi problemi riguardano soprattutto il

mondo cattolico, secondo il metropolita «è importante che il lettore russo – che ha molto sentito parlare delle tendenze modernistiche nel cattolicesimo contemporaneo – possa conoscere lo sguardo critico di uno dei più grandi teologi cattolici dell'epoca moderna sul tema della rottura dolorosa con la tradizione avvenuta nel periodo successivo al Concilio Vaticano II e sulle difficoltà di cui è irta la strada dell'aggiornamento».[25]

Più chiaro di così… È evidente che siamo all'opposto della «riabilitazione» di Lutero fatta da papa Bergoglio e siamo all'opposto delle sue idee «rivoluzionarie» sull'Eucaristia e sulla liturgia.

Anche la prefazione del papa emerito al volume pubblicato dal Patriarcato ortodosso di Mosca è molto esplicita. Vi si legge fra l'altro:

La causa più profonda della crisi che ha sconvolto la Chiesa risiede nell'oscuramento della priorità di Dio nella liturgia. Tutto questo mi portò a dedicarmi al tema della liturgia più ampiamente che in passato perché sapevo che il vero rinnovamento della liturgia è una condizione fondamentale per il rinnovamento della Chiesa. […] Al fondo, pur con tutte le differenze, l'essenza della liturgia in Oriente e Occidente è unica e la medesima. E così spero che questo libro possa aiutare anche i cristiani di Russia a comprende-

---

[25] Matteo Matzuzzi, *Gli ortodossi russi celebrano Benedetto XVI: «Fermo oppositore di ogni compromesso sulla fede»*, «Il Foglio», 17 ottobre 2017, https://bit.ly/2E71QMY.

re in modo nuovo e meglio il grande regalo che ci è donato nella Santa Liturgia.[26]

***

Dottori accennava alle «rivoluzioni colorate» sostenute dall'amministrazione Obama/Clinton. La vicenda – esplosa attorno al 2011 – è emblematica di come Washington, per la sua strategia egemonica, sia pronta a usare spregiudicatamente le religioni per conseguire i suoi obiettivi strategici.

Ce n'era stata un'avvisaglia negli anni Novanta con le guerre jugoslave dove le religioni (ortodossa, islamica e cattolica) e le etnie furono usate per far esplodere quello Stato.

«Durante la presidenza Clinton, tra il 1993 e il 2000» scrive Diana Johnstone «la Jugoslavia fu utilizzata dall'establishment della politica estera come laboratorio sperimentale per il collaudo di tecniche di controllo, sovversione e *"regime change"* a opera degli Stati Uniti destinate a essere poi impiegate altrove. L'uso della Jugoslavia come una mini-Urss, con la Serbia nella parte della Russia, e la frantumazione della Jugoslavia e quindi della Serbia stessa (attraverso il distacco del Kosovo) costituirono la prova generale del processo che abbiamo recente-

---

[26] Prefazione del papa emerito Benedetto XVI all'edizione in lingua russa del volume XI della Opera Omnia, https://bit.ly/2PrDZJa.

mente visto all'opera in Ucraina, con la Russia come obiettivo.»[27]

Poi c'era stato il piano, denominato «The Greater Middle East Project», che era stato messo a punto per l'area musulmana dall'amministrazione Bush nel 2003 – dopo la tragedia dell'11 settembre – con alcuni pesantissimi interventi militari.

Si presentava con l'obiettivo dichiarato di togliere ossigeno al terrorismo e all'estremismo islamico. In realtà aveva l'Arabia Saudita come principale supporto e questo fa capire quanto davvero si volesse combattere il fondamentalismo musulmano.

Il piano puntava soprattutto al controllo della produzione petrolifera e alla «creazione di una gigantesca area di libero scambio» funzionale agli interessi Usa nella vastissima fascia che va dal Marocco all'Afghanistan.

«La crisi che ha colpito dal 2008 l'economia mondiale e il sistema del dollaro non ha fatto altro che acuire la corsa alle risorse strategiche» ha scritto Alfredo Macchi. «Barack Obama, dopo il suo ingresso alla Casa Bianca, nel gennaio 2009, ha corretto e affinato il progetto, da un punto di vista di metodo, ma l'obiettivo strategico è rimasto immutato»[28] (e comprendeva la totale cancellazione della Russia dal Mediterraneo e il suo isolamento).

[27] Diana Johnstone, *Hillary Clinton. Regina del caos*, cit., p. 146.
[28] Alfredo Macchi, *Rivoluzioni S.p.a.*, Alpine Studio, Lecco 2012, pp. 262-263.

Dunque, gli Usa – anche per la crisi del 2007-2008 – non possono più buttare enormi risorse finanziarie in interventi militari dagli esiti poi fallimentari, così sono passati a sponsorizzare e sostenere la spinta islamista contro i vecchi regimi arabi.

«La primavera araba, preparata o meno che fosse» osserva Macchi «è stata per Washington l'occasione per sbarazzarsi di regimi legati in qualche modo alla vecchia concezione statalista e nazionalista dell'economia, eredità del socialismo sovietico in salsa araba. […] Sacrificare vecchi amici come Ben Ali, Mubarak, Saleh e tradizionali nemici come Gheddafi e Assad in nome del libero mercato, è una scelta obbligata per Washington.»[29]

Infatti, è proprio dal biennio 2010-2011 che iniziano le cosiddette «primavere arabe»: sommovimenti di piazza che hanno le frange islamiste come protagoniste egemoni e che destabilizzano soprattutto i Paesi arabi ancora laici. Nel 2011 ben quattro capi di Stato sono costretti ad arrendersi alla piazza (in Tunisia, Egitto, Libia e Yemen). Nel caso della Libia, l'Occidente – cioè Stati europei e Usa – è intervenuto direttamente, per via militare, per rovesciare Gheddafi.

C'è poi il caso della Siria in cui la guerra civile si è protratta per anni e – ancora una volta – l'Occidente ha sostenuto la sollevazione, perlopiù islami-

[29] Ivi, p. 263.

sta, contro il laico presidente Assad (resta memorabile l'intimazione di Obama: «Assad se ne deve andare»[30]).

Naturalmente, nessuna rivolta s'accende nella totalitaria e integralista Arabia Saudita, fucina del fondamentalismo sunnita, perché è il pilastro del controllo americano sull'area della produzione petrolifera.

E quando appare qualche gruppo di giovani ingenui che crede davvero al mito mediatico delle «primavere arabe» e va in piazza in Paesi che non sono quelli nel mirino di Washington finisce subito male: è il caso del Bahrein che offre «riparo alla Quinta Flotta degli Stati Uniti». Anche lì, il 14 febbraio 2011, scoppiano le proteste, ma subito il monarca chiede aiuto all'Arabia Saudita e la rivolta viene soffocata nel sangue. «Washington, sempre pronta alla condanna della repressione messa in atto dai regimi di Ben Ali, Mubarak e Gheddafi, non dice una parola»[31] osserva Macchi.

In questo 2011 di «rivoluzioni» nate in laboratorio esplode anche – come ha ricordato Dottori – il caso italiano, che nel novembre vede la caduta di un governo eletto dagli italiani e con una stabile maggioranza in Parlamento, ma non «amato» dalla Ue (anche perché non disposto a soccor-

---

[30] *Obama: Assad se ne deve andare*, «La Stampa», 19 agosto 2011, https://bit.ly/2PkDMHq.
[31] Alfredo Macchi, *Rivoluzioni S.p.a.*, cit., p. 246.

rere le banche tedesche e francesi nella crisi greca), un governo che aveva ottimi rapporti con la Libia di Gheddafi (dove era forte la presenza dell'Eni), un governo il cui premier era «troppo amico» di Putin.

Viene sostituito con un governo che non è stato votato degli elettori, un esecutivo tecnico guidato dal professor Mario Monti e molto gradito dalla Unione europea (cioè Germania e Francia) e dagli Stati Uniti. Un governo che, ovviamente, farà le scelte (dolorose per gli italiani) attese dai mercati e dalla Ue.

È di quei mesi pure l'acuirsi della crisi dell'Ucraina, in cui gli Usa hanno giocato pesantemente per stabilire a Kiev un governo filo-americano e fortemente avverso alla Russia di Putin.

Anche in questo caso gli americani hanno mostrato di essere pronti a usare in modo spregiudicato la religione come strumento del loro disegno egemonico imperiale: lì però si tratta della religione cristiana ortodossa che è comune all'Ucraina e alla Russia.

È un'operazione che prosegue. Lo dimostra l'ultimo recente episodio di questa «guerra fredda», ovvero il tentativo di «scisma» dell'ortodossa Ucraina dal Patriarcato di Mosca caldeggiato e sostenuto dagli Stati Uniti e avallato dal Patriarcato di Costantinopoli.

Il 14 settembre 2018 il presidente ucraino (filo-americano) Petro Poroshenko ha ricevuto l'ambasciatore americano per la libertà religiosa internazionale Samuel Brownback e lo ha informato delle misure prese per la creazione di una Chiesa ortodossa autocefala d'Ucraina. Poi ha ringraziato gli Usa per l'appoggio, che infatti l'ambasciatore Brownback ha confermato, dando assicurazioni che anche per il futuro gli Usa sosterranno il diritto dell'Ucraina a disporre di una Chiesa ortodossa autocefala.[32]

Il 17 settembre il metropolita Hilarion, come abbiamo già ricordato capo del Dipartimento per le relazioni ecclesiastiche esterne del Patriarcato di Mosca, accusa gli Stati Uniti di attaccare la Chiesa ortodossa russa.

Hilarion ha dichiarato testualmente che «l'America è interessata all'indebolimento della Chiesa ortodossa russa» ricordando che Zbigniew Brzezinski, importante personalità politica americana e consulente di diversi presidenti, «era solito dire, in seguito al crollo dell'Unione Sovietica», che «la forza principale dell'ex Unione Sovietica che gli Stati Uniti devono distruggere è la Chiesa ortodossa russa». Ebbene, «questo è ciò che sta accadendo ora» ha dichiarato Hilarion. Ha aggiunto che è «del tutto ovvio» che l'amministrazione Usa sia dietro le azioni del Patriarcato ecumenico di Costantinopoli (Hi-

---

[32] Jivko Panev, *Les États-Unis soutiennent officiellement l'autocéphalie de l'Église en Ukraine*, Orthodoxie.com, 14 settembre 2018, https://bit.ly/2OJwwYz.

larion ha ricordato gli incontri degli ambasciatori americani col presidente ucraino Poroshenko e con il patriarca Bartolomeo).[33]

Peraltro, Hilarion ha fatto presente che l'unico leader religioso capace di unire tutti gli ucraini è il metropolita Onufry, che è in comunione con la Chiesa ortodossa russa, quindi lo scisma che viene progettato è anzitutto uno scisma con la stessa Chiesa ucraina.

A conferma di questo quadro, proprio il 17 settembre 2018, l'ex vicepresidente americano Joe Biden (il vice di Obama) incontrava, non si sa a quale titolo, il «patriarca» scismatico di Kiev Filarete esprimendogli il suo sostegno per la creazione di una Chiesa autocefala in Ucraina.

È significativo il fatto che Filarete fosse negli Stati Uniti dal 14 settembre dove era stato ricevuto al Dipartimento di Stato americano e dove doveva incontrare due esarchi del Patriarcato di Costantinopoli.

Durante il colloquio Biden ha sottolineato l'importanza di una Chiesa ucraina autocefala unita a sostegno della sovranità ucraina (quando si tratta dell'Est europeo, come già era successo per la Jugoslavia, l'Occidente è un fervente sostenitore di sovranismi e anche di accesi nazionalismi).

Quindi, l'ex vice di Obama ha espresso a Filarete

---

[33] *Metropolitan Hilarion Accuses U.S. of Deliberately Destroying Russian Orthodox Church*, Interfax-Religion, 17 settembre 2018, https://bit.ly/2zZXF1n.

la sua gratitudine per l'opera di «diffusione della spiritualità nella società ucraina, il suo aiuto all'esercito ucraino, alla lotta alla corruzione, ecc.».

Da parte sua, Filarete ha insignito Biden di una onorificenza: l'Ordine di San Vladimir per il suo «continuo supporto all'Ucraina». Onorificenza che già era stata data al senatore John McCain, nel 2015, per il suo sostegno all'Ucraina durante «l'occupazione russa del Donbass e della Crimea».

Il sito Orthodoxie.com segnala che «Biden è anche noto per i suoi rapporti amichevoli con il patriarca Bartolomeo, che ha visitato due volte a Costantinopoli. Nel 2015 gli ha conferito il Premio per i diritti umani di Atene».

Tuttavia, «in una recente intervista, Filarete ha dichiarato che gli Stati Uniti non interferiscono negli affari ecclesiastici in Ucraina o in qualsiasi altro Paese».[34]

Affermazione la cui attendibilità tutti possono serenamente valutare anche alla luce dei fatti fin qui esposti. Significativo che pure in questa vicenda, conclusasi con la storica rottura fra Patriarcato di Mosca e Patriarcato di Costantinopoli, l'interventismo Usa faccia larghissimo uso di vessilli e slogan sui diritti umani.

---

[34] Jivko Panev, *L'ancien vice-président américanin Joe Biden a recontré le «patriarche» Philarète et a exprimé son soutien à la création d'une Église orthodoxe autocéphale en Ukraine*, Orthodoxie.com, 21 settembre 2018, https://bit.ly/2CxsZXU.

È una costante e qui bisogna chiarire un possibile equivoco. Non c'è dubbio che tutta l'Europa – e in particolare l'Italia – deve moltissimo agli Stati Uniti che nel 1945 hanno letteralmente instaurato democrazia e libertà. Egualmente dobbiamo molto agli Stati Uniti per aver protetto l'Europa occidentale e l'Italia dalla minaccia comunista.

Anche se non bisogna essere ingenui e sappiamo che sulla vittoria nella Seconda guerra mondiale gli Usa hanno costruito la loro egemonia sull'Occidente, affermando i loro interessi in tutto il mondo, va riconosciuto il merito americano di aver difeso la libertà e la democrazia in Europa combattendo mostri totalitari.

Tuttavia, va anche detto che – soprattutto dopo il crollo del Muro di Berlino e del comunismo in Europa, nella nuova prospettiva imperiale americana – la bandiera dei diritti umani e della libertà è stata spesso abusata, in modo strumentale e a intermittenza, per imporre gli interessi americani, le strategie e l'agenda dell'amministrazione Usa.[35]

[35] «Negli ultimi trent'anni a Washington è cresciuta una rete capillare di organizzazioni governative e non governative, società ed enti, che costituiscono una vera e propria diplomazia parallela e in buona parte privata, che il Dipartimento di Stato e la Cia utilizzano per portare a buon fine i propri piani strategici senza comparire ufficialmente. Una galassia di organizzazioni che continua la propria attività anche dopo la caduta del Muro di Berlino e permette a Washington di influire sulle politiche di certi Paesi e rovesciare leader ostili senza ricorrere alle maniere forti del Pentagono.» Alfredo Macchi, *Rivoluzioni S.p.a.*, cit., p. 59.

Questo spregiudicato «interventismo» sulle religioni emerge anche durante gli anni 2011 e 2012 in eventi relativi alla Chiesa cattolica.

Ha suscitato un certo clamore, negli Usa, la pubblicazione di documenti e mail da parte di WikiLeaks[36] nell'ottobre 2016, dai quali emerge l'interesse dell'entourage democratico della Clinton per una sorta di «rivoluzione» anche nella Chiesa cattolica a quel tempo guidata da Benedetto XVI.

L'obiettivo era quello di spostare la Chiesa dai «princìpi non negoziabili» e dall'ortodossia dottrinale ai temi «progressisti», fino all'apertura dottrinale ai nuovi costumi sessuali, alla contraccezione e all'aborto.

Il 12 ottobre il «Catholic Herald» titolava: *Il capo della campagna della Clinton ha aiutato delle organizzazioni cattoliche a organizzare una «rivoluzione» nella Chiesa.*[37]

La figura chiave di questa vicenda è una personalità importante del Partito democratico, John Podesta, che nel 2016 sarà appunto capo della campagna elettorale di Hillary Clinton per le presidenziali, ma dal 1998 al 2001 era già stato capo di gabinetto del presidente Bill Clinton, marito di Hillary, per poi essere co-presidente nella transizione, all'inizio dell'amministrazione Obama.

[36] *The Podesta Emails*, WikiLeaks, https://bit.ly/2ehf0Kk.
[37] *Clinton Campaign Chief Helped Start Catholic Organisations to Create «Revolution» in the Church*, «Catholic Herald», 12 ottobre 2016, https://bit.ly/2Qxq3gC.

Bisogna tenere presente che i cattolici negli Usa sono la confessione religiosa più numerosa (80 milioni di persone) e l'episcopato cattolico – in quegli anni – era in gran parte fedele al magistero di Benedetto XVI. Per questo l'orientamento dell'elettorato (e dell'episcopato) cattolico era una questione politica molto importante.

Dunque, Podesta, nel febbraio 2012, riceve una mail da Sandy Newman, amico di Barack Obama e presidente dell'organizzazione Voices of Progress, che si occupa di cambiamenti climatici, immigrazione e simili. Newman chiede a Podesta come «piantare i semi di una rivoluzione» nella Chiesa cattolica. Non si tratta solo di temi come la contraccezione: c'è «la necessità di una primavera cattolica, in cui i cattolici stessi domandino la fine di una dittatura medioevale e l'inizio di una democrazia e rispetto per la parità di genere [*gender equality*] nella Chiesa cattolica». Ovviamente bisogna sconfiggere chi nella Chiesa si oppone a una tale rivoluzione. Podesta risponde alla mail spiegando che stanno lavorando in questa direzione: «Abbiamo creato per questo Alliance for the Common Good. Ma penso che non abbia, al momento, la leadership adatta. Allo stesso modo per Catholics United [un'altra associazione, *NdA*]. Come la maggior parte dei movimenti delle primavere, penso che anche questa dovrà avvenire dal basso verso l'alto».

In altre mail, intercorse sempre fra vertici di think

tank democratici e importanti personalità della campagna elettorale di Hillary Clinton, i cattolici vengono variamente ridicolizzati.[38]

La rivelazione di queste mail suscitò, fra l'altro, la reazione di Paul Ryan, speaker della Camera, repubblicano, che disse: «Disprezzare la Chiesa cattolica accusandola di essere "gravemente retrograda" è un insulto a milioni di persone in tutto il Paese. In ogni caso, queste dichiarazioni rivelano l'approccio ostile della campagna di Clinton verso la gente di fede in generale».[39]

Notava, sempre nel 2016, Andrea Mainardi, su «Formiche», che fra l'altro «un donatore importante per finanziare le cause è il filantropo Soros», schieratissimo sui temi liberal e globalisti opposti al cattolicesimo.

Mainardi fa un elenco di finanziamenti della sua

[38] Scrive Lorenzo Bertocchi: «Altri scambi di mail, che risalgono al 2011, sono emersi da WikiLeaks sempre su questo contesto. Si tratta di uno scambio, intitolato "Cattolicesimo conservatore", avvenuto tra John Halpin, esperto senior del Center for American Progress, e l'influente Jennifer Palmieri, oggi responsabile per la comunicazione di Hillary Clinton, allora presidente proprio del Center for American Progress. Lo scambio di mail raggiunge l'apice quando Halpin sottolinea che la presenza di molti cattolici tra i conservatori è segno di un loro fraintendimento della tradizione politica del cattolicesimo, anzi dice che il loro "è uno stupefacente imbarbarimento della fede"». Lorenzo Bertocchi, *Lobby Usa per rivoluzionare la Chiesa*, «La nuova Bussola Quotidiana», 15 ottobre 2016, https://bit.ly/2E9CxKh.

[39] Alexandre Meyer, *Rivelazioni di WikiLeaks: lo staff della Clinton ha fomentato «infiltrazioni» nella Chiesa cattolica*, Aleteia.org, 17 ottobre 2016, https://bit.ly/2E9ApC5.

fondazione a organizzazioni cattoliche progressiste
e poi scrive:

> Lo stesso Soros, sappiamo da un altro gruppo di do-
> cumenti di WikiLeaks pubblicati in estate,[40] ha dona-
> to 650.000 dollari per la visita del 2015 di papa Fran-
> cesco negli Usa. Tra i beneficiari, anche il Pico (People
> Improving Communities through Organising), di cui
> è sostenitore il cardinale Óscar Rodríguez Maradia-
> ga, uno degli uomini più vicini al papa. Scopo: in-
> fluenzare e favorire la creazione di un fronte di vesco-
> vi che si dissocino dal *cultural warrior* dell'episcopato
> statunitense e siano più in sintonia con Bergoglio sui
> temi della giustizia economica e l'uguaglianza. An-
> zi – si legge in un documento – influenzare lo stesso
> papa, coinvolgendolo attraverso il cardinal Maradia-
> ga. Effetto sottinteso: emarginare la gerarchia episco-
> pale più conservatrice, come l'ancora molto influente
> Charles Chaput, arcivescovo di Philadelphia.[41]

Anche Riccardo Cascioli, sulla «Nuova Bussola
Quotidiana», sottolineava l'importanza di queste
rivelazioni:

> Il finanziere George Soros ha dato consistenti contri-
> buti a organizzazioni cattoliche per «spostare le prio-
> rità della Chiesa cattolica americana» dai temi vita e

---

[40] John-Henry Westen, *Leaked E-Mails Show George Soros Paid
$650K to Influence Bishop during Pope's US Visit*, LifeSite News,
23 agosto 2016, https://bit.ly/2bgwO6B.

[41] Andrea Mainardi, *Wikileaks, ecco chi spinge negli Usa per una
Chiesa americana progressista*, «Formiche», 21 ottobre 2016,
https://bit.ly/2OfqnUu.

famiglia a quelli della giustizia sociale. […] La grande occasione è data dalla visita del papa negli Stati Uniti [settembre 2015, *NdA*] e la fondazione di Soros punta esplicitamente a usare i buoni rapporti di Pico con il cardinale honduregno Óscar Rodríguez Maradiaga, tra i principali consiglieri di papa Francesco, per «impegnare» il Pontefice sui temi di giustizia sociale.

Come si giustifica questo dispiegamento di forze? Cascioli spiega:

Il primo e più importante è il grande investimento che organizzazioni filantropiche tradizionalmente anticattoliche stanno facendo per sovvertire l'insegnamento della Chiesa. È questo il vero scopo del cambiamento di priorità invocato, dai temi su famiglia e vita a quelli di giustizia sociale. In questo Soros si colloca nel solco di una tradizione ultradecennale che vede protagoniste le principali fondazioni americane, dai Rockefeller ai Ford, dai Kellog a Turner e così via. È un progetto di «protestantizzazione». […] Il motivo? La Chiesa cattolica che, in sede di organizzazioni internazionali ha come obiettivo fondamentale di difendere la dignità dell'uomo, è l'ultimo baluardo che si oppone all'instaurazione di un nuovo ordine mondiale che vuole ridurre l'uomo a semplice strumento nelle mani del potere.[42]

Così, il 22 gennaio 2017, la rivista cattolica online «The Remnant» pubblica una lettera aperta di un

[42] Riccardo Cascioli, *Se la Chiesa cade nelle mani di Soros*, «La nuova Bussola Quotidiana», 28 agosto 2106, https://bit.ly/2QCELmB.

gruppo di personalità cattoliche americane al nuovo presidente Donald Trump.[43]

In questo documento chiedono a Trump di far luce su una vicenda «tuttora avvolta nella segretezza», perché «abbiamo ragione di credere che dall'amministrazione Obama sia stato progettato un "cambio di regime" in Vaticano».

I firmatari citano le mail di cui abbiamo detto, dove si parla di realizzare una «rivoluzione» nella Chiesa e proseguono:

> Circa un anno dopo questa discussione via mail, che non era destinata a essere resa pubblica, riscontriamo che papa Benedetto XVI ha abdicato in circostanze molto particolari ed è stato sostituito da un papa la cui missione apparente è quella di fornire una componente spirituale al programma ideologico radicale della sinistra internazionale.

In realtà, però, non c'è un nesso documentato tra le considerazioni o i progetti manifestati in quelle mail da importanti personalità americane e la «rinuncia» successiva di Benedetto XVI che – ripetiamolo – fu volontaria e libera.

I firmatari, come abbiamo già visto, arrivano ad affermare: «Abbiamo ragione di credere che dall'amministrazione Obama sia stato progettato un "cambio di regime" in Vaticano».

---

[43] Si veda il testo integrale della lettera al sito https://bit.ly/2K-s9Lm8.

Tuttavia i documenti fin qui pubblicati, per la verità, fanno pensare a un forte interesse in quel senso, ma non pare ci sia la prova di un progettato «cambio di regime».

Però si possono porre delle domande e in effetti i firmatari della lettera lo fanno. Chiedono fra l'altro:

A che scopo la National Security Agency ha monitorato il Conclave che ha eletto papa Francesco? Quali altre operazioni segrete sono state attuate da agenti del governo Usa sulle dimissioni di papa Benedetto e sul Conclave che ha eletto papa Francesco?[44]

Poi domandano se «agenti governativi» hanno avuto contatti con il Gruppo di San Gallo di cui ha parlato il cardinale Godfried Danneels e infine c'è un'interrogazione sulla strana vicenda della sospensione delle «transazioni monetarie internazionali con il Vaticano» prima delle dimissioni di Benedetto (riprese subito dopo la rinuncia).

Infine, ecco l'ultima raffica di domande a Trump:

Quali iniziative, se del caso, sono state effettivamente prese da John Podesta, Hillary Clinton, e altri legati alla gestione Obama coinvolti nel dibattito che intendeva fomentare una «primavera cattolica»?
Qual era lo scopo e la natura della riunione segreta tra il vicepresidente Joseph Biden e papa Benedetto XVI in Vaticano il o intorno al 3 giugno 2011?

[44] Al sito https://bit.ly/2C4fJsp si trova la traduzione in italiano della lettera.

Quali ruoli sono interpretati da George Soros[45] e altri finanziatori internazionali attualmente residenti nel territorio degli Stati Uniti?

In pratica i firmatari chiedono a Trump un'indagine per capire se «il governo degli Stati Uniti ha interferito in modo inappropriato negli affari della Chiesa cattolica».

***

La situazione della Chiesa era già molto turbolenta al suo interno. Il pontificato di Benedetto XVI è stato avversato duramente già al Conclave del 2005 e la lotta si è fatta, dopo, ancora più dura.

Indebolita da una forte crisi di fede, minata da correnti moderniste, anche nella gerarchia, che spingevano per una resa alla «modernità», cioè alle ideologie mondane,[46] la Chiesa si è trovata indifesa:

---

[45] Cliff Kincaid, *The Soros Files*, 5 marzo 2013, https://bit.ly/2QCvgnA.

[46] Nella messa che precedette il Conclave del 2005, l'allora cardinale Ratzinger, infatti, aveva così rappresentato la situazione del mondo cattolico: «Quanti venti di dottrina abbiamo conosciuto in questi ultimi decenni, quante correnti ideologiche, quante mode del pensiero… La piccola barca del pensiero di molti cristiani è stata non di rado agitata da queste onde – gettata da un estremo all'altro: dal marxismo al liberalismo, fino al libertinismo; dal collettivismo all'individualismo radicale; dall'ateismo ad un vago misticismo religioso; dall'agnosticismo al sincretismo e così via. Ogni giorno nascono nuove sette e si realizza quanto dice San Paolo sull'inganno degli uomini, sull'astuzia

erosa dall'interno ed esposta al grande gioco geo-politico. Il bersaglio di tutti gli attacchi è stato il papato.

Il pontificato di Benedetto XVI ha subìto un costante bombardamento dei media, a cui si è aggiunta una pesantissima opposizione interna: basti ricordare l'episodio del *Discorso di Ratisbona* e poi tutta la campagna mediatica internazionale sugli scandali sessuali nella Chiesa, in cui è stata in genere sottaciuta la vasta azione purificatrice voluta da Benedetto XVI.[47]

Per capire il clima pesantissimo che fin dalla sua stessa elezione Benedetto XVI ha dovuto sopportare dentro la Curia e dentro la Chiesa, rimando al mio libro *Non è Francesco*, in particolare al capitolo «Balla coi lupi».[48] Ma anche al volume di Nicolas Diat, *L'homme qui ne voulait pas être pape* e a quello di Andrea Tornielli e Paolo Rodari, *Attacco a Ratzinger*, che i due giornalisti (oggi su posizioni

---

che tende a trarre nell'errore (cfr. *Ef* 4,14). Avere una fede chiara, secondo il Credo della Chiesa, viene spesso etichettato come fondamentalismo». È possibile leggere il testo completo al sito https://bit.ly/2y5QymE.

[47] «Quattrocento sacerdoti ridotti allo stato laicale da Benedetto XVI tra il 2011 e il 2012 perché accusati di pedofilia», scrive Francesco Antonio Grana, *Ratzinger e lo scandalo pedofilia, in due anni 400 sacerdoti «spretati» da Benedetto*, «Il Fatto Quotidiano», 18 gennaio 2014, https://bit.ly/2J3QPL5.

[48] Antonio Socci, *Non è Francesco*, Mondadori, Milano 2014, pp. 54-63.

ecclesiali molto diverse da allora) scrissero nel 2010.[49]

Benedetto XVI, durante gli anni del suo pontificato, è stato sottoposto ad attacchi sistematici e continui e si è trovato in una condizione di isolamento palese, sempre più pesante, fino a non avere più neanche il potere reale all'interno della Curia.

Infine, la vicenda di VatiLeaks ha fatto emergere una situazione, anche della sua stessa residenza personale, davvero inaudita e sorprendente.

Ma in particolare ha fatto clamore il dissenso di vescovi e cardinali puntualmente amplificato dai media. Esemplare il caso del cardinale Carlo Maria Martini, la cui visibilità è sempre stata grandissima proprio perché i suoi interventi erano letti e presentati in contrapposizione al pontificato di Benedetto XVI.

Basti ricordare il testamento spirituale uscito sul «Corriere della Sera», nell'agosto 2012, poco dopo la morte del prelato. In quell'intervista fece molto clamore la dichiarazione di Martini in cui giudicava la Chiesa come un'istituzione «indietro di duecento anni». In accordo con il giudizio della cultura oggi dominante che pretenderebbe di «omologare» la Chiesa,[50] il cardinale era sintonizzato sull'idea laica

---

[49] Nicolas Diat, *L'homme qui ne voulait pas être pape*, Albin Michel, Parigi 2014; Andrea Tornielli e Paolo Rodari, *Attacco a Ratzinger*, Piemme, Milano 2010.

[50] Dal punto di vista cattolico la Chiesa non deve essere duecento anni indietro, ma duemila: cioè deve volgere il cuore continuamente non al futuro, ma all'avvenimento di Cristo, perché egli

del progresso e sugli argomenti del mondo, anche nei contenuti specifici: sollecitava, infatti, maggior apertura sulla morale sessuale (precisamente le linee del futuro pontificato bergogliano).

Ma il caso Martini era solo la punta dell'iceberg, perché egli era rappresentativo di una parte del mondo ecclesiastico.

Da anni – cioè dalla fine del pontificato di Giovanni Paolo II – si stava combattendo una vera e propria guerra che vedeva contrapporsi da un lato vescovi e cardinali fedeli all'insegnamento di sempre della Chiesa, con Karol Wojtyła e Joseph Ratzinger, e – dall'altra parte – «gli innovatori» che, con il cardinal Martini, ritenevano che la Chiesa dovesse accettare un processo di omologazione alla modernità simile a quello delle confessioni protestanti del Nord Europa.

È esattamente la descrizione che farà un analista d'eccezione, monsignor Georg Gänswein, segretario di Benedetto XVI e prefetto della Casa pontificia, nella memorabile conferenza del 21 maggio 2016 all'Università Gregoriana di Roma (di cui parlerò nella seconda parte).

L'occasione del suo intervento fu data dalla presentazione del libro di Roberto Regoli *Oltre la crisi della Chiesa. Il pontificato di Benedetto XVI*.

è l'*eschaton*, il compimento e il senso del tempo e con lui è già accaduta ogni novità. Si veda a tal proposito Sandro Magister, *Dopo Martini è lite sul suo testamento spirituale*, «L'Espresso», 6 settembre 2012, https://bit.ly/2yI9s2A.

Riassumendo la «brillante e illuminante» ricostruzione del papato di Ratzinger, fatta da Regoli, monsignor Gänswein la definiva «approfondita e ben documentata... soprattutto dell'inizio di esso nel Conclave dell'aprile del 2005, dal quale Joseph Ratzinger... uscì eletto... a seguito» spiegava Gänswein «di una drammatica lotta tra il cosiddetto "Partito del sale della terra" (Salt of Earth Party) intorno ai cardinali López Trujillo, Ruini, Herranz, Rouco Varela o Medina e il cosiddetto "Gruppo di San Gallo" intorno ai cardinali Danneels, Martini, Silvestrini o Murphy-O'Connor; gruppo che, di recente, lo stesso cardinal Danneels di Bruxelles in modo divertito ha definito come "una specie di mafia-club". L'elezione [di Benedetto XVI, *NdA*]» proseguiva Gänswein «era certamente l'esito anche di uno scontro, la cui chiave quasi aveva fornito lo stesso Ratzinger da cardinale decano, nella storica omelia del 18 aprile 2005 in San Pietro; e precisamente lì dove a "una dittatura del relativismo che non riconosce nulla come definitivo e che lascia come ultima misura solo il proprio io e le sue voglie" aveva contrapposto un'altra misura: "il Figlio di Dio, il vero uomo" come "la misura del vero umanesimo"».

Parole esplosive se solo si considera che il candidato del Gruppo di San Gallo, contrapposto a Ratzinger, in quel Conclave del 2005, era Jorge Mario Bergoglio. Lo stesso Bergoglio che riuscirà a farsi eleggere – a seguito della rinuncia di Benedetto XVI – nel 2013.

Questo gruppo di cardinali – come ha rivelato il cardinale Danneels in una recente intervista – aveva cominciato a incontrarsi dal 1996 a San Gallo, in Svizzera, su iniziativa del vescovo del luogo Ivo Fürer e del cardinale Martini. Erano molti vescovi e cardinali ad appartenere al gruppo. Tutti uniti dall'avversione alle posizioni del cardinale Ratzinger prima e di Benedetto XVI poi, per il pensiero che rappresentava nella Chiesa. Le riunioni sarebbero finite nel 2006.

Il vaticanista americano Edward Pentin ha scritto: «Anche se il club segreto non si è più riunito formalmente a partire dal 2006, è legittimo affermare che esso abbia contribuito a formare una rete che ha aperto il cammino quanto meno per favorire il cardinal Bergoglio al Conclave sette anni più tardi».[51]

A proposito del quale Jonathan V. Last su «The Weekly Standard» ha scritto: «Il pontificato di Francesco può, forse, essere meglio inteso come un progetto politico. La sua elezione al Conclave nel 2013 era – all'insaputa del mondo dell'epoca – il risultato di una campagna pianificata in anticipo da quattro cardinali radicali che vedevano il cardinale Jorge Mario Bergoglio come il veicolo perfetto per

[51] La traduzione dell'articolo di Edward Pentin comparso su «National Catholic Register» il 26 settembre 2015 si trova sul sito https://bit.ly/2PoHmjJ.

la rivoluzione che volevano lanciare all'interno della Chiesa. (La storia di come i cardinali Cormac Murphy-O'Connor, Walter Kasper, Godfried Danneels e Karl Lehmann formarono il "Team Bergoglio" è dettagliata nell'apprezzabile biografia di Francesco di Austen Ivereigh)».[52]

Recentemente si è avuta una clamorosa notizia – sebbene passata inosservata – sulla vigilia del Conclave che ha portato all'elezione di Bergoglio.

Catherine Pepinster ha pubblicato nel 2017 un libro, *The Keys and the Kingdom*, dove si riferisce un fatto inedito, sorprendente e molto significativo.

Protagonista è il cardinale Cormac Murphy-O'Connor, un uomo molto influente e molto accreditato nel più alto establishment di Sua Maestà britannica.

O'Connor non votava al Conclave, avendo superato gli ottant'anni, ma è stato uno dei principali *kingmaker* di Bergoglio come capofila dei «cardinali riformatori», un «partito» che aveva ai vertici Walter Kasper, Godfried Danneels e Karl Lehmann, «tutti ritenuti sostenitori di Jorge Bergoglio nel Conclave del 2005» i quali «potevano contare su molti elettori latinoamericani, così come su molti europei influenti».

L'autrice cita Austen Ivereigh che nella sua bio-

---

[52] Jonathan V. Last, *The Catholic Church Is Breaking Apart. Here's Why*, «The Weekly Standard», 14 settembre 2018, https://tws.io/2xdf84p.

grafia di papa Francesco scrive: «C'erano undici cardinali africani e dieci asiatici. Per quelli di nazioni storicamente anglofone, il cardinale britannico Murphy-O'Connor era un punto di riferimento».

Osserva la Pepinster: «È qui che il Regno Unito ha dato un contributo sostanziale alla preparazione del Conclave del 2013».

In pratica i cardinali anglofoni dei Paesi in via di sviluppo e del Commonwealth britannico si sono radunati. Dove? All'ambasciata britannica presso la Santa Sede messa a disposizione dal diplomatico inglese Nigel Baker. Precisamente la residenza dell'ambasciatore: palazzo Pallavicini.

L'autrice riferisce: «Come ha affermato Tim Fischer, ambasciatore australiano presso la Santa Sede e vicepremier del suo Paese: "Che potesse esserci l'influenza britannica nel Conclave era contro ogni previsione, eppure è successo. Perché uno dei cardinali più potenti che abbia mai incontrato – Cormac Murphy-O'Connor – è stato il non-votante più influente che io abbia mai conosciuto nel mondo per l'elezione di un papa"».[53]

È alquanto singolare questo ruolo diretto giocato da una potenza che è storicamente anticattolica (peraltro è pure la culla della massoneria).

Chiunque conosca un po' la formidabile e «impe-

---

[53] Catherine Pepinster, *The Keys and the Kingdom. The British and the Papacy from John Paul II to Francis*, Bloomsbury Publishing, Londra 2017, pp.69-72.

riale» politica estera britannica può facilmente essere indotto a ritenere che ci sia stato un forte interesse politico, di quell'importante Paese, a far eleggere Jorge Mario Bergoglio.

A meno che non si voglia credere che la diplomazia britannica sia impegnata in caritatevoli attività di volontariato e in quella circostanza abbia voluto ospitare evangelicamente in casa propria alcuni cardinali bisognosi di un ricovero.

I quali cardinali, peraltro, a Roma avrebbero potuto agevolmente disporre di innumerevoli sedi di enti religiosi o anche di sale riservate di hotel, ma hanno fatto quella scelta. Assai singolare.

In questi casi c'è chi richiama il n. 80 della Costituzione apostolica *Universi Dominici Gregis*, tuttora vigente, laddove proibisce ai cardinali di ricevere «tutte le possibili interferenze, opposizioni, desideri, con cui autorità secolari di qualsiasi ordine e grado, o qualsiasi gruppo umano o singole persone volessero ingerirsi nell'elezione del Pontefice».[54]

Probabilmente non è questo il caso, non avendo notizia di una interferenza diretta del governo di Londra, ma certamente l'episodio illumina abbastanza il contesto politico in cui si sono svolti i fatti del 2013.

***

[54] Si veda il testo completo al sito https://bit.ly/2RxdenQ.

Abbiamo finora parlato di una svolta storica avvenuta nella strategia geopolitica degli Stati Uniti, che hanno creduto di essere diventati padroni unici e assoluti del mondo dopo la caduta del Muro di Berlino.

Di che natura è la rivoluzione che è iniziata negli anni Novanta, denominata genericamente «globalizzazione»?

«Globalizzazione» spiega Diana Johnstone «significa americanizzazione del mondo intero. I nostri interessi e valori devono prevalere ovunque».[55]

Gli interessi e i valori. Quindi c'è il lato economico – «un mondo unificato dalla penetrazione universale dei mercati finanziari»[56] travolgendo i poteri tradizionali degli Stati – e c'è il lato ideologico, ovvero l'omologazione di tutti i popoli alla nuova ideologia dei liberal americani, cioè alla loro agenda laicista e *politically correct*.

In entrambi i casi una «glebalizzazione» dei popoli, come dice Diego Fusaro.

Sottolineo le due caratteristiche che ho accennato: un nuovo tipo di capitalismo globale che pone il mercato al di sopra di tutto e di tutti (è stato definito «mercatismo») e una presidenza americana laicista, che, prima con Bill Clinton e poi con Barack Obama, ha imposto la sua agenda ideologica al

[55] Diana Johnstone, *Hillary Clinton. Regina del caos*, cit., p. 44.
[56] *Ibidem.*

mondo attaccando frontalmente la tradizione cristiana, ma anche l'Occidente stesso nella sua antropologia: l'Impero, stavolta laicista e anticattolico, contro la Chiesa e contro le identità e le sovranità dei popoli.

Il nuovo tipo di capitalismo che ha fatto irruzione negli anni Novanta si presentò addirittura come «la fine della storia» (Fukujama), pretenziosa formula di sapore hegeliano che voleva dire «il fine» della storia. Come se il nuovo ordine globalizzato, ovvero l'americanizzazione del pianeta, fosse il senso e il compimento della storia umana.

Nel 1998 viene elaborato il testo denominato *Project For The New American Century* (Progetto per un nuovo secolo americano) che in sostanza delinea un imperialismo unipolare da imporre al pianeta.

Progetto su cui – con sfumature diverse – convergeranno sia neocon sia liberal (sia John McCain sia Hillary Clinton, per capirci), che infatti poi si sono ritrovati insieme ad avversare il barbaro Trump, reo di contestare quella globalizzazione e quella folle utopia ideologica.

Per capire qualcosa del nuovo capitalismo finanziario e della globalizzazione ultraliberista che si stava imponendo, di cui l'Unione europea di Maastricht e l'euro sono un meccanismo importante, bisogna rileggere un pensiero di Paolo Savona che, com'è noto, è assai esperto di establishment capitalistico. Intervenendo nel luglio 2014 alla presentazione del libro di François Heisbourg *La fin du rêve européen*, si espresse così:

> Ritengo che effettivamente ci siano poteri economici dominanti che dopo la scomparsa del comunismo – che era la loro paura – hanno ripreso i vecchi vizi: sono antidemocratici, pongono l'accumulazione capitalistica al vertice della scala dei valori sociali, e [...] ci riescono sfruttando l'ignoranza del popolo su materie difficili e delicate; lo terrorizzano. Stiamo attraversando la fase del terrore.[57]

Già qui troviamo alcuni elementi del nuovo ordine globalizzato: dal 1945 al 1990, almeno in Europa, il capitalismo era andato di pari passo con la democrazia; ma dopo il 1990 si è di fronte a una grave trasformazione. I mercati – costituitisi in mercato globale, con una potenza di fuoco che può mettere in ginocchio qualunque Stato – pretendono di dettar legge.

Quindi avversano il meccanismo della democrazia e la sovranità popolare perché lì il tribunale dei governi è rappresentato ancora dai popoli, dagli elettori.

Comincia a prodursi una frattura fra nuovo capitalismo e democrazia, tra ultraliberismo e liberali-

---

[57] Cit. in Alberto Bagnai, *L'Italia può farcela. Equità, flessibilità, democrazia. Strategie per vivere nella globalizzazione*, Il Saggiatore, Milano 2014, posizioni Kindle 5754-5755.

smo, che tenderà a diventare sempre più incompatibile.

Per il mercato è necessario spazzar via o neutralizzare con lo Stato nazionale (ultimo vero ostacolo al dominio incontrastato dei mercati) gli stessi concetti di nazione e di identità (tutte le identità, come vedremo).

Il sistema mediatico viene perlopiù usato per questo e – come dice Savona – per «terrorizzare» l'opinione pubblica, ad esempio con il fantasma dello spread o del debito che è come il nodo scorsoio al collo dei governi e degli Stati.

Terrorizzare l'opinione pubblica per farle accettare continui sacrifici, lacrime e sangue che a colpi di piccone demoliscono lo stato sociale (insieme allo Stato nazionale) e fanno aumentare i profitti dei padroni del vapore.

A tal punto si è consolidato questo nuovo ordine che si è ormai affermato nel linguaggio dei media, che ne sono i solerti cantori, quando parlano di politica economica dei governi, il riferimento non più ai cittadini o agli elettori, ma ai mercati, venerati acriticamente come categoria metafisica, ai cui responsi si guarda quasi come un tempo si rimandava al giudizio divino («Cosa diranno i mercati?», «I mercati danno segni di nervosismo», «Si aspetta la reazione dei mercati», eccetera).

Come se fosse normale che il giudizio sull'azione di un governo spettasse alle agenzie di rating e ai

mercati anziché ai cittadini. E come se fosse normale il rovesciamento per cui ora sono i popoli stessi
(come elettori e come Stato) a essere sotto esame e
a venir giudicati dai mercati e non viceversa. È quello che Giulio Tremonti chiama appunto «mercatismo»: il dominio assoluto del mercato sulla vita politica e sociale.

È questa la logica che ha reso ovvia e accettata
l'idea della delocalizzazione, cioè del trasferimento
di attività industriali dai Paesi con forti tutele sociali (Europa e Usa) ai Paesi dove la mano d'opera co-
sta pochissimo.

È esattamente lo stesso motivo per cui i «merca-
tisti» appoggiano l'idea di un'emigrazione di massa
verso l'Occidente.

In entrambi i casi si tratta di avere manodopera
a bassissimo costo per aumentare i profitti: lo si
può fare spostando le attività nei Paesi sottosvilup-
pati o spostando la manodopera di quei Paesi in
Occidente.

È un meccanismo noto già dai tempi di Marx che
parlava di «esercito industriale di riserva».

Un esponente del socialismo francese come Jean
Jaurès, già nel 1894, scriveva:

Ciò che noi non vogliamo è che il capitale internazionale vada a cercare la manodopera sui mercati dove
essa è più svilita, umiliata, deprezzata, per gettarla
senza controllo e senza regole sul mercato francese, e
per portare dappertutto nel mondo i salari al livello

dei Paesi che li hanno più bassi. È in questo senso, e in questo senso soltanto, che noi vogliamo proteggere la manodopera francese contro la manodopera straniera, non – lo ripeto – per un esclusivismo sciovinista, ma per sostituire l'internazionale del benessere all'internazionale della miseria.[58]

Che a favore delle migrazioni di massa sia l'establishment e i media di obbedienza mercatista non sorprende. La novità è che oggi proprio le sinistre, socialiste, socialdemocratiche o democratiche, siano le paladine di questa (devastante) migrazione di massa presentata come l'utopia cosmopolita della «società aperta» (anche papa Bergoglio presenta questo drammatico sradicamento di popoli come un salutare incontro non vedendo il colossale trauma che rappresenta sia per i Paesi di partenza sia per quelli di arrivo).

Ma proprio queste sinistre hanno accettato di fare il lavoro di demolizione dello «stato sociale» e dello «Stato nazionale».

Sia negli Stati Uniti sia in Italia e nel resto d'Europa, la sinistra ha imposto le ferree leggi del mercato contro le vecchie garanzie del welfare, e – mentre si presentava come «sinistra progressista» – accantonava i «diritti sociali» nascondendosi dietro le battaglie sui cosiddetti diritti civili (dalle unioni gay

---

[58] Jean Jaurès, discorso pronunciato davanti alla Camera il 17 febbraio 1894 e noto con il titolo *Pour un socialisme douanier*.

all'eutanasia) o dietro il multiculturalismo e il presunto solidarismo filo-immigrazione. Peraltro, l'immigrazione di massa ha anche il «merito» (per i globalisti) di scombussolare le identità nazionali e annichilirle (o produrre conflitti di questo genere).[59]

Tutto comincia dopo la caduta del Muro di Berlino. «Negli anni Novanta, quando l'amministrazione di Bill Clinton procedette a smantellare il New Deal, il multiculturalismo emerse come ideale sociale. [...] L'integrazione politica europea si è ormai trasformata in una vetrina della globalizzazione economica. Ma [...] fu presentata come la rinuncia definitiva al nazionalismo e alla guerra.»[60]

Un famoso filosofo americano, peraltro di area democratica, Richard Rorty, ha previsto quello che sarebbe accaduto già in un libro del 1997, *Achieving Our Country*, basato su un ciclo di lezioni tenute all'Università di Stanford tra il 1996 e il 1997.

Rorty prevedeva che la globalizzazione mercatista avrebbe impoverito grandi masse di lavoratori e che le nazioni così depauperate sarebbero state «distratte» da grandi battaglie sui costumi sessuali e sugli scontri etnico-religiosi.

«La globalizzazione» scriveva Rorty «sta producendo un'economia mondiale nella quale ogni tentativo di un Paese di evitare l'impoverimento dei

---

[59] Cfr. Antonio Socci, *Traditi, sottomessi, invasi*, Rizzoli, Milano 2018.
[60] Diana Johnstone, *Hillary Clinton. Regina del caos*, cit., p. 58.

suoi lavoratori ha come risultato quello di togliere loro il lavoro.»

Annunciava poi l'avvento di «una classe dominante cosmopolita» che avrebbe governato l'economia mondiale con un atteggiamento «verso i lavoratori di qualunque Paese» simile a quello dei «grandi capitalisti americani del Novecento». E «questo preoccupante cosmopolitismo economico ha, come sottoprodotto, un attraente cosmopolitismo culturale» il quale però «è limitato al 25 per cento degli americani. Il nuovo cosmopolitismo economico prepara un futuro nel quale il rimanente 75 per cento vedrà il proprio tenore di vita ridursi».

Si formeranno «caste ereditarie» e «l'esito sarà un mondo orwelliano. [...] L'analogo del Partito Esterno orwelliano sarà una classe di professionisti cosmopoliti istruiti e benestanti».

Ed ecco le armi di distrazione di massa programmate dalle élite cosmopolite al potere. Scrive Rorty: «Dal momento che le politiche economiche sono una loro prerogativa, incoraggeranno i politici, sia di destra sia di sinistra, a dedicarsi alle grandi battaglie culturali. L'obiettivo sarà quello di distrarre l'attenzione delle masse, tenere il 75 per cento meno abbiente degli americani e il 95 per cento meno abbiente della popolazione mondiale occupata nelle ostilità etniche e religiose e nelle discussioni sulle abitudini sessuali. Se le masse possono essere distratte dalle loro afflizioni da pseudo-eventi creati dai media, inclusa di quando in quando qualche breve e sanguinosa guerra, i super-ricchi avranno ben poco da temere».

Non ci sarà da stupirsi – prevedeva – se «l'intelli-ghenzia di sinistra» si troverà culturalmente «schie-rata a fianco di manager e azionisti – a condividerne gli stessi interessi di classe – dal momento che noi intellettuali, per lo più membri dell'accademia, sia-mo relativamente protetti, almeno nel breve perio-do, dagli effetti della globalizzazione. A peggiorare le cose è il fatto che spesso sembriamo più interes-sati ai destini dei lavoratori dei Paesi meno svilup-pati che a quello dei nostri concittadini».

Infine, la liquidazione dello Stato nazionale: «La sinistra culturale sembra spesso convinta che lo Sta-to nazionale sia qualcosa di obsoleto, e che pertanto non abbia senso tentare di resuscitare le politiche nazionali. Il problema è che lo Stato nazionale è, e sarà anche nel futuro per noi prevedibile, la sola entità capace di fare la differenza».

È una voce di area democratica, dunque appare ancora più significativa. Il pensiero critico «populi-sta» ritiene che la deregulation finanziaria, che ha bisogno di travolgere i confini, le frontiere e le iden-tità, dei popoli e delle religioni, sia anche una dere-gulation antropologica e che essa abbia bisogno di travolgere pure i confini delle identità individuali e di genere. Tutto diventa anonimo e apolide come il denaro e la finanza.

Colpisce però la lontananza tra le persone comuni e questa élite che pretende di rappresentare il progressismo illuminato e impone i suoi dogmi ideologici, seguita dai salotti e dalle accademie della periferia imperiale.

Una lucida anticonformista come Camille Paglia ha ben rappresentato il paradosso:

> La sinistra è diventata una frode borghese, completamente separata dal popolo che dice di rappresentare. Tutti i maggiori esponenti della sinistra americana oggi sono ricchi giornalisti o accademici che occupano salotti elitari dove si forgia il conformismo ideologico. Questi meschini e arroganti dittatori non hanno il minimo rispetto per le visioni opposte alla loro. Il loro sentimentalismo li ha portati a credere che devono controllare e limitare la libertà di parola in democrazia per proteggere paternalisticamente la classe delle vittime permanenti di razzismo, sessismo, omofobia eccetera. La sinistra americana è un mondo artificiale prodotto dalla fantasia, un ghetto dove i liberal si parlano solo con altri liberal.[61]

La signoria universale del mercato e del *politically correct* – che ha coniato una nuova religione pagana, con le sue divinità (i Mercati), i suoi comandamenti e i suoi dogmi indiscutibili – pretende naturalmente di dettare l'agenda anche alle religioni tradizionali,

---

[61] Mattia Ferraresi, *Contro il fascismo di sinistra*, «Il Foglio», 6 febbraio 2015, https://bit.ly/2nr4K6E.

destinate a essere devitalizzate e a diventare gusci vuoti come fossili.

È l'agenda Obama/Onu che è stata immediatamente fatta propria, appena eletto, da papa Bergoglio: ambientalismo catastrofista (con l'inquinamento e il riscaldamento globale che sostituiscono le nozioni di peccato e di peccato originale), immigrazionismo ideologico (come nuovo comandamento), abbraccio con l'Islam ed ecumenismo filo-protestante, appannamento della dottrina e attacco ai sacramenti, abbandono dei princìpi non negoziabili e un'apertura «misericordiosa» ai nuovi costumi sessuali e alle nuove unioni.

Come ha detto uno dei migliori giornalisti cattolici in attività, l'irlandese John Waters: «I media considerano papa Francesco utile alla loro agenda. [...] Finora papa Francesco si è mostrato disposto a diventare uno strumento dei nemici della Chiesa».[62]

[62] Intervista a «La Verità», 24 settembre 2018, p. 2. Per comprendere il motivo di un tale giudizio critico si veda Antonio Socci, *Non è Francesco*, cit.; e Antonio Socci, *La profezia finale*, Rizzoli, Milano 2016.

SECONDA PARTE

Ciò che non si capì: Benedetto papa per sempre

Ma vi sono verità escatologiche, verità che nella storia sono provvedimenti ispirati dallo Spirito Santo per salvare la Chiesa. Si può evocare Carl Schmitt e il suo «stato di eccezione». La Chiesa è chiamata dallo Spirito Santo, che è la sua guida, a stati di eccezione. La storia della Chiesa è piena di stati di eccezione.*

Gianni Baget Bozzo

*   Gianni Baget Bozzo, *L'Anticristo*, Mondadori, Milano 2001, p. 70.

La (non) rinuncia al papato

Mi è rimasto particolarmente impresso un passo della sua [di sant'Ignazio di Antiochia, NdA] Lettera agli Efesini: «È meglio rimanere in silenzio ed essere, che dire e non essere».[63]

Benedetto XVI

«Ciò che è debolezza di Dio è più forte degli uomini.»

1 Cor 1,25

Hanno gioito certi nemici della Chiesa a quell'annuncio dell'11 febbraio 2013. Hanno applaudito e cantato vittoria. Qualcuno sarcasticamente disse che (andarsene) era stato il suo atto di governo migliore.

Hanno creduto di vedere il nemico a terra, lo storico avversario che si arrendeva, sconfitto, e si sono inebriati di quel trionfo.

In effetti, Benedetto, come sempre mite e umile, è parso dichiararsi vinto, si è detto non più adeguato per mancanza di forze e pronunciando la sua «ri-

[63] Dalla Prefazione di Benedetto XVI al libro del cardinale Robert Sarah, *La forza del silenzio*, Cantagalli, Siena 2017, p. 9. È inevitabile, leggendo queste parole, pensare a due persone ai vertici della Chiesa: chi «è» pur rimanendo in silenzio e chi invece «non è» anche se parla…

nuncia» – dopo aver ringraziato tutti – ha concluso così: «Chiedo perdono per tutti i miei difetti».

Dunque, gli avversari hanno creduto di aver conseguito una vittoria totale e non hanno fatto attenzione ai particolari, alle sottigliezze e alla profondità delle parole, ovvero a ciò che Benedetto XVI – in semplicità di cuore – stava davvero facendo e dicendo.

Oggi, infatti, rileggendo tutto con calma e alla luce di questi anni, dobbiamo chiederci: ma Benedetto XVI, quell'11 febbraio 2013, si è veramente dimesso dal papato, tornando quello che era prima, come Celestino V? Oppure il suo si può considerare un arretramento tattico per cause di forza maggiore?

Se di arretramento tattico si tratta, potrebbe non essere stato lui lo stratega: forse ha solo «seguito» una strada segnata dal Maestro, da Colui che «umiliò se stesso facendosi obbediente fino alla morte e a una morte di croce» (Fil 2,8) e con questa «disfatta» ottenne il trionfo totale, sul male e sulla morte.

Ma – umanamente parlando – se analizziamo i fatti col metro terreno, si tratterebbe, in questo caso, di una tattica che ricorda quella dei russi davanti all'invasione napoleonica.

Anche allora l'imperatore francese credette di aver conseguito una vittoria strepitosa, la più grande e promettente, senza neppure combattere. Si trovò spalancata davanti tutta l'immensità dell'impero dello zar: l'esercito russo, che si era ritirato consegnandogli pure Mosca (in fiamme), sembrò un esercito in rotta ormai scompaginato e in fuga. Napoleone si sentì il padrone incontrastato della Russia. Ma di lì a poco dovette scoprire a sue spese l'amara verità, e cioè che, in certi casi, la realtà è molto diversa dalle apparenze e la «ritirata» può essere una mossa formidabile che lascia sprofondare i vincitori per poi riprendersi la propria terra.

Così, per Benedetto XVI dobbiamo chiederci: ha davvero rinunciato del tutto al ministero petrino? Non è più papa?

La risposta a queste domande, oggi, guardando a questi sei anni, è sicuramente no.

Quel suo passo indietro è un ritorno a ciò che era prima o è solo «un passo di lato» in attesa di altri eventi?

La risposta a quest'altra domanda – come vedremo – è arrivata dal suo «portavoce» monsignor Georg Gänswein: non si tratta di un passo indietro, ma di «un passo di lato per fare spazio al suo successore e a una nuova tappa nella storia del papato».

Dal punto di vista soggettivo possiamo dunque affermare che la sua intenzione – che è decisiva per definire l'atto che ha compiuto – non era quella di non essere più papa.

Del resto, chiunque abbia appena approfondito i gesti, i fatti e le parole di Benedetto XVI sa che non c'è un solo atto o una sola dichiarazione di Benedetto XVI dove emerga o dove si affermi che egli non ha più nulla a che vedere con il papato.

Perfino nelle normali cronache giornalistiche ormai è un dato acquisito che Benedetto non abbia rinunciato completamente al papato. Ne cito una – a titolo di esempio – del corrispondente a Roma del «New York Times»: «*But Benedict, the first pope to resign in almost 600 years, refused to fully renounce the papacy, taking the title "pope emeritus" and continuing to live in the Vatican*».[64]

Fabrizio Grasso, uno studioso che ha analizzato la situazione dal punto di vista filosofico nel suo saggio *La rinuncia*, scrive: «Da un punto di vista prettamente logico è difficile sostenere che il papa abbia rinunciato *totalmente* e *pienamente* al suo ministero, e siamo legittimati a formulare questo pensiero proprio in ragione delle sue affermazioni».[65]

È evidente che – pur avendo fatto una rinuncia relativa al papato (ma di che tipo?) egli ha inteso rimanere ancora papa, sia pure in un modo enigmatico e in una forma inedita, che non è stata spiegata (almeno fino a una certa data).

Tanto è vero che nell'ultimo discorso ufficiale e pubblico del suo pontificato, parlando al popolo di Dio, nell'udienza del 27 febbraio 2013, a proposito

---

[64] «Ma Benedetto, il primo papa a rassegnare le dimissioni da quasi seicento anni, ha rifiutato di rinunciare completamente al papato, prendendo il titolo di "papa emerito" e continuando a vivere in Vaticano.» Jason Horowitz, *In Private Letters, Benedict Rebukes Critics of Pope Francis*, «The New York Times», 20 settembre 2018, https://nyti.ms/2QObTIY.
[65] Fabrizio Grasso, *La rinuncia*, cit., p. 24.

del suo ministero disse: «Il "sempre" è anche un "per sempre" – non c'è più un ritornare nel privato. La mia decisione di rinunciare all'esercizio attivo del ministero non revoca questo».[66]

Un'espressione dirompente perché se Benedetto XVI, con quell'atto, ha rinunciato solo «all'esercizio attivo del ministero», significa che non intendeva rinunciare al ministero in sé. Il fatto poi che affermi che il suo ministero petrino non è revocato è strabiliante: è un'espressione che avrebbe dovuto far sobbalzare tutti sulla sedia, soprattutto i cardinali.

Giusta o sbagliata che sia questa separazione di ministero attivo e ministero contemplativo, le parole di Benedetto XVI sono parole clamorose e avrebbero dovuto suscitare grande interesse perché portano alla luce l'intenzione del suo atto, che dunque non era affatto quella di una rinuncia al ministero petrino in quanto tale.

Alla luce di quel suo ultimo discorso si comprende perché Joseph Ratzinger è rimasto «nel recinto di Pietro», si firma tuttora Benedetto XVI, si definisce «papa emerito», ha le insegne araldiche papali e continua a vestirsi da papa.

Ci sono anche episodi simbolici che alimentano la persuasione che abbiamo a che fare con due papi. Saverio Gaeta, attento osservatore delle cose vatica-

---

[66] Benedetto XVI, *Udienza generale*, 27 febbraio 2013, https://bit.ly/2yvDfLv.

ne, ricorda e segnala, per esempio, quello che accadde il 6 maggio 2016 al giuramento delle nuove reclute delle Guardie svizzere che hanno il compito di «vigilare costantemente sulla sicurezza della sacra persona del Santo Padre e della sua residenza».

Si notarono due tamburi con lo stemma di papa Francesco e uno con lo stemma di Benedetto XVI, cosa che fa riflettere «soprattutto» spiega Gaeta «tenendo conto del fatto che sullo stemma di papa Bergoglio è assente il pallio, presente invece su quello di papa Ratzinger: un elemento decisamente non trascurabile nella simbologia vaticana. [...] E, per di più, considerando che Francesco normalmente non ha, all'anulare della mano destra, il tradizionale "anello del pescatore" – forgiato in argento dorato su disegno dello scultore Enrico Manfrini e raffigurante san Pietro con le chiavi del Regno – bensì l'anello in argento, con incisa una croce, che porta da quando venne consacrato vescovo nel 1992. Mentre Benedetto XVI, dopo l'annullamento dell'anello pontificio con l'immagine di san Pietro pescatore di uomini, attualmente tiene al dito una copia dell'anello che Paolo VI donò nel 1965 ai padri del Concilio Vaticano II, raffigurante Cristo sormontato da una croce e affiancato da san Pietro e san Paolo».[67]

Si potrebbe aggiungere il fatto – documentato fo-

---

[67] Saverio Gaeta, *La profezia dei due papi*, Piemme, Milano 2018, pp. 28-29.

tograficamente – che nelle cerimonie pubbliche a cui il papa emerito ha partecipato ci sono stati cardinali che si sono avvicinati a lui inchinandosi e baciando l'anello, cosa che avrebbero potuto fare solo con il papa.

Grasso, da analista imparziale, nota: «Oggi paiono evidenti soltanto due cose, almeno da un punto d'osservazione che sia preminentemente politico e non confessionale: la prima è che dall'elezione al soglio di Francesco ci siano *de facto* due papi; la seconda è che, in modo più o meno ambiguo, essi si riconoscano appunto una reciproca legittimità. Qui interessa registrare il dato storico-politico della situazione eccezionale e inedita della Chiesa cattolica».[68]

Del resto, lo stesso Jorge Bergoglio lo chiama «Santità» come risulta anche nella ritualità vaticana. E se «lo stesso papa [Francesco, *NdA*] è costretto ancora una volta nel 2014 a dichiarare ai giornalisti: "C'è un solo papa"» osserva Grasso «questo è il segno manifesto che il seme del dubbio ha già dato i suoi frutti tra i fedeli. […] Anche perché, a rigor di logica, se ci fosse un solo papa, in realtà, non ci sarebbe nemmeno bisogno di sottolinearlo e ribadirlo a più riprese».[69]

Quindi, la rinuncia di Benedetto XVI è quanto-

---

[68] Fabrizio Grasso, *La rinuncia*, cit., pp. 30-31.
[69] Ivi, pp. 24-25.

meno da ritenersi dubbia. E a questo punto c'è chi si chiede – attenzione – se per il diritto canonico (come vedremo) una rinuncia dubbia non sia di fatto una rinuncia nulla, con le conseguenze colossali che intuiamo.

La rinuncia dubbia, inoltre, è evidenziata pubblicamente anzitutto dalla definizione del suo attuale status: papa emerito.

Infatti, diversamente da tutti gli altri casi di rinuncia (nei quali chi era stato papa è tornato allo status precedente, monaco o vescovo, senza più alcun riferimento al ministero pontificio), Benedetto XVI – come si è detto – ha deciso di essere, dal 28 febbraio 2013, «papa emerito».

Un autorevole canonista come padre Gianfranco Ghirlanda, sulla «Civiltà Cattolica» (che esce con il *placet* vaticano), nei giorni immediatamente successivi all'11 febbraio 2013, aveva scritto: «È evidente che il Papa che si è dimesso non è più Papa, quindi non ha più alcuna potestà nella Chiesa e non può intromettersi in alcun affare di governo. Ci si può chiedere che titolo conserverà Benedetto XVI. Pensiamo che gli dovrebbe essere attribuito il titolo di Vescovo emerito di Roma, come ogni altro Vescovo diocesano che cessa».[70]

In effetti, se Benedetto XVI si fosse dimesso da

---

[70] Gianfranco Ghirlanda, *Cessazione dall'ufficio di Romano Pontefice*, «La Civiltà Cattolica», 3905 (2013), p. 448, https://bit.ly/2NFVx2w.

papa in modo da non esserlo più, avrebbe potuto chiamarsi «vescovo emerito di Roma» come suggerito da padre Ghirlanda.

Ma Benedetto XVI non aderì a questa «lettura» della sua scelta e fu il direttore della Sala stampa vaticana, padre Federico Lombardi, il 26 febbraio 2013, a comunicare che Benedetto XVI sarebbe rimasto appunto «papa emerito» o «romano pontefice emerito», conservando il titolo di «Sua Santità». Egli non avrebbe più indossato l'anello del pescatore e avrebbe vestito la talare bianca semplice. Evidentemente – dal momento che le parole in questo caso e in quella sede sono molto importanti e hanno un senso preciso – ciò significava che non c'era stata una «dimissione da papa» (come scriveva padre Ghirlanda) e non si poteva dire che Benedetto XVI non era più papa.

E siccome anche i simboli, presso la Santa Sede, hanno un significato molto preciso, va notato che questa lettura verrà confermata quando il cardinale Andrea Cordero Lanza di Montezemolo si recò da lui per cambiare il suo stemma araldico in base alla sua nuova condizione. In quell'occasione veniva suggerito il ritorno a un'araldica cardinalizia o un nuovo stemma da papa emerito. Ma le proposte furono gentilmente respinte.

Infatti, il Vaticano fece sapere che Benedetto XVI conservava lo stemma da papa, con le chiavi di Pietro: «Preferisce non adottare un emblema araldico espressivo della nuova situazione creatasi con la sua rinuncia al Ministero Petrino».[71]

È noto che, oltre al magistero delle parole, c'è un magistero dei gesti e queste sembrano decisioni molto eloquenti. Benedetto XVI di fatto restava papa sia pure senza l'esercizio del ministero.

È la prima volta che accade nella storia della Chiesa. Che cosa significa davvero l'espressione «papa emerito»? E perché Benedetto XVI ha fatto questa scelta?

In una delle prime interviste rilasciate dal suo segretario, monsignor Georg Gänswein, dopo quell'atto, alla domanda del giornalista di «Avvenire» se Ratzinger si fosse mai pentito di aver assunto il titolo di papa emerito, don Georg rispose di no e spiegò il motivo: «Ritiene che questo titolo corrisponda alla realtà».[72]

Una risposta – anch'essa – sorprendente. Che avrebbe dovuto suscitare molte domande e riflessioni. Ma la cosa passò invece nel silenzio. Nessuno, evidentemente, voleva scavare per chiarire quell'enigma.

Nessuno voleva capire, nemmeno in Vaticano. Soprattutto in Vaticano. Dove c'era il timore – probabilmente – di scoprire che un colossale problema si era aperto proprio al vertice della Chiesa.

[71] *Ratzinger: No a un nuovo emblema araldico da Papa emerito*, «La Stampa», 30 gennaio 2014, https://bit.ly/2NBXgpe.
[72] «Avvenire», 28 febbraio 2014.

Che cosa significavano, infatti, le parole dell'arcivescovo Gänswein, segretario di Benedetto XVI? A quale «realtà» poteva corrispondere il titolo di «papa emerito» se non – in qualche modo – a una «realtà» pontificia?

Se Joseph Ratzinger si veste ancora da papa, si definisce «papa emerito» e si chiama ancora «Sua Santità Benedetto XVI» evidentemente è papa: questo diceva implicitamente Gänswein.

Il «papa emerito» a rigor di logica è ancora papa come il vescovo emerito è ancora vescovo. Ma in che senso, dal momento che non è possibile l'identificazione fra lo status del papa e quello dei vescovi?

Perché fino a oggi non ci sono stati papi emeriti? E sono possibili due papi coesistenti di fatto? Perché non è mai stato chiarito dal punto di vista giuridico e teologico cosa significa «papa emerito» (come, invece, è stata formalizzata la figura del vescovo emerito)?

Si tratta di una situazione del tutto inedita.

Prima di approfondire questi interrogativi, va detto che c'è pure chi ha colto nella strana formula ufficiale della rinuncia usata da Benedetto XVI, l'11 febbraio 2013, lo stesso contenuto del suo discorso del 27 febbraio successivo, ovvero una rinuncia al solo «esercizio attivo del ministero», non al ministero in quanto tale.

Quindi anche lo stesso atto formale della rinuncia configurerebbe una sorta di rinuncia parziale. Ma che cosa significa ciò dal punto di vista canonistico e teologico? Ed è possibile che si possa fare una rinuncia parziale al pontificato o è di fatto una rinuncia dubbia e quindi nulla?

Del resto, quel testo ha sollevato anche altre domande.

***

Ecco le parole esatte che furono pronunciate da Benedetto XVI l'11 febbraio 2013.

Dopo aver ripetutamente esaminato la mia coscienza davanti a Dio, sono pervenuto alla certezza che le mie forze, per l'età avanzata, non sono più adatte per esercitare in modo adeguato il ministero petrino. Sono ben consapevole che questo ministero, per la sua essenza spirituale, deve essere compiuto non solo con le opere e con le parole, ma non meno soffrendo e pregando. Tuttavia, nel mondo di oggi, soggetto a rapidi mutamenti e agitato da questioni di grande rilevanza per la vita della fede, per governare la barca di san Pietro e annunciare il Vangelo, è necessario anche il vigore sia del corpo, sia dell'animo, vigore che, negli ultimi mesi, in me è diminuito in modo tale da dover riconoscere la mia incapacità di amministrare bene il ministero a me affidato. Per questo, ben consapevole della gravità di questo atto, con piena libertà, dichiaro di rinunciare al ministero di Vescovo di Roma, successore di san Pietro, a me affidato per mano dei Cardinali il 19 aprile 2005, in modo che, dal 28 febbraio 2013, alle ore 20.00, la sede di Roma, la sede di san

Pietro, sarà vacante e dovrà essere convocato, da coloro a cui compete, il Conclave per l'elezione del nuovo Sommo Pontefice. [...] Per quanto mi riguarda, anche in futuro, vorrò servire di tutto cuore, con una vita dedicata alla preghiera, la Santa Chiesa di Dio.[73]

Ci sono due aspetti importanti in questo documento: il papa fa capire che non sta fuggendo davanti ai lupi, ma resta e vuole continuare a «servire di tutto cuore la Santa Chiesa di Dio». Inoltre, c'è la proclamazione della sede vacante e il riferimento al prossimo Conclave per eleggere il nuovo Sommo Pontefice. Segno che l'atto di Benedetto XVI intendeva produrre delle conseguenze, come in effetti fece.

Ma ci sono altri aspetti che suscitano interrogativi.

Anzitutto – in via preliminare – una certa inspiegabile precipitazione essendo avvenuta – tale rinuncia – a metà dell'«Anno della fede» che lui stesso aveva proclamato e per il quale aveva preparato un'importantissima enciclica che era quasi ultimata: perché, prima di lasciare, non portare a compimento quell'annunciato documento con la pubblicazione, che avrebbe pur richiesto poco tempo?

Come si spiega tanta fretta, ancor più misteriosa se si pensa che il papa aveva precedentemente assunto degli impegni per i giorni e i mesi successivi? Non incombeva nessuna circostanza (conosciu-

[73] Si veda il testo integrale della *Declaratio* all'indirizzo https://bit.ly/2INW4yf.

ta), né c'erano malattie che rendevano urgentemente necessario quell'atto. Cos'era dunque sopravvenuto di così decisivo e stringente da far precipitare gli eventi?

D'altra parte fu anche una fretta contraddittoria perché la rinuncia, quell'11 febbraio, non fu immediata come avrebbe dovuto, ma decorse a partire dalle ore 20.00 del 28 febbraio successivo, senza alcun motivo, cioè senza che vi fosse nessuna ragione tecnica o pastorale (né evidente, né dichiarata) in quella validità posticipata di diciassette giorni.

***

Proprio l'apposizione della data a partire dalla quale vale la rinuncia solleva grossi dubbi giuridici sulla stessa validità dell'atto.

Si può trovare qualcosa nella vasta letteratura canonistica che possa illuminarci su questo aspetto?

Consultiamo – fra le altre cose – la poderosa opera, dedicata a Cosimo III de' Medici, granduca di Toscana, che fu pubblicata nel 1695, con tutti i *placet* ecclesiastici, dal gesuita portoghese Francisco Leytam (1631-1716). Ecco il suo titolo: *Impenetrabilis Pontificiae Dignitatis Clypeus*.[74]

---

[74] Ecco il titolo completo: *Impenetrabilis Pontificiae Dignitatis Clypeus. In quo vera doctrina de Potestate Summi Pontificis Romani indubitati supra Concilia etiam generalia & legitime congregata; et de eiusdem infallibilitate in rebus ad fidem, moresque spec- tan-*

Vi si trova condensata la dottrina canonistica della Chiesa anche in riferimento a epoche e situazioni eccezionali.

L'autore, padre Leytam, aveva insegnato a Évora prima di essere chiamato a Roma dove, per il resto della sua vita, in quanto erudito e giurista, lavorò in Curia come censore di libri.

Padre Leytam affronta tutte le questioni più scottanti relative ai rapporti tra il papa e il Concilio e relative al Conclave o ai casi di elezione dubbia di papi o di loro rinuncia o al caso di papi scismatici e perfino eretici; inoltre si occupa della casistica relativa agli antipapi.

C'è pure, al capitolo VII, una dotta difesa dell'infallibilità papale.

L'avvocato Francesco Patruno, un giurista autore di molte pubblicazioni di diritto, dottore di ricerca in scienze canonistiche ed ecclesiastiche, da cui ci facciamo guidare nella lettura, mi spiega che è importante e rivelatore anche quello che non c'è, trattandosi di un'opera che intendeva chiarire tutta la casistica che si è presentata nella storia della Chiesa.

Dove il Leytam parla della «rinuncia» del papa contempla tutta una serie di situazioni.

Si sofferma, tra i casi, sull'apposizione di una con-

---

tibus... demonstratur... Item de Potestate Concilii Universalis legitimi supra Papam dubium, seu Antipapam, et in casu Schismatis iuxta veram Concilii Constantiensis explicationem.

dizione all'atto di rinuncia (sez. XI, § 96) e sugli effetti della revoca della rinuncia prima o dopo la realizzazione dell'evento dedotto nella condizione. Come ovvio, la legittimità del successore dipende dal verificarsi o no dell'evento dedotto.

Ma – osserva Patruno – manca del tutto, nel Leytam, il caso dell'apposizione del termine (iniziale o finale che sia) alla rinuncia, che è precisamente quello che si è verificato con Benedetto XVI il quale ha letto la sua *Declaratio* davanti ai cardinali l'11 febbraio 2013, affermando che «dal 28 febbraio 2013, alle ore 20.00, la sede di Roma, la sede di san Pietro, sarà vacante e dovrà essere convocato, da coloro a cui compete, il Conclave per l'elezione del nuovo Sommo Pontefice».

L'avvocato Patruno ci spiega perché siamo di fronte a un grosso problema: «Nella letteratura canonistica non si contempla l'ipotesi del termine, cioè – non essendosi mai verificata – non si è discusso su ciò che succede se un papa apponga un termine finale al suo pontificato nell'atto di rinuncia (come nel caso di Benedetto XVI) e si proceda, dopo lo spirare di questo termine, all'elezione di un nuovo papa. Quest'ipotesi non è contemplata dal Leytam. A mio avviso la disciplina non può che essere simile al caso del matrimonio. A tal proposito è significativo che il Leytam, discorrendo della sede vacante, parli di Chiesa *vedova* (sez. VIII), lasciando intendere che un papa quasi si sposi con la Chiesa! L'odierna codificazione cano- nica, infatti, a differenza di quella precedente (co- me anche dello stesso Codice civile italiano, art. 108 c.c.), consente l'apposizione di una condizio- ne *vel de praesenti vel de praeterito* entro certi li- miti, ma non quella *de futuro*, e certamente ritiene nullo un matrimonio sottoposto a termine (inizia- le o finale che sia)».

Questo, tornando alla rinuncia di Benedetto XVI, che cosa significa?

«La rinuncia, come anche l'accettazione al som- mo pontificato, è un atto giuridico puro. Come si dice in gergo tecnico, si tratta di *actus legitimi*, che non tollerano l'apposizione di elementi accidentali (*accidentalia negotii*) quale appunto è il termine. Si trova conferma di ciò» spiega l'avvocato Patruno «nella codificazione canonica attuale.»

In effetti, nel Codice di diritto canonico (can. 332, par. 1), parlando dell'accettazione del Sommo Pon- tificato, si dice che «dal momento in cui» il designa- to accetta l'elezione, canonicamente avvenuta, rice- ve l'autorità su tutta la Chiesa.

Anche nella Costituzione apostolica *Universi Dominici Gregis*, al n. 88, si legge: «Dopo l'accetta- zione, l'eletto che abbia già ricevuto l'ordinazione episcopale, è *immediatamente* Vescovo della Chiesa Romana, vero Papa e Capo del Collegio Episcopale; lo stesso acquista di fatto la piena e suprema potestà sulla Chiesa universale, e può esercitarla». E pure il

Codice dei canoni delle Chiese Orientali conferma lo stesso concetto.[75]

«Ciò significa» spiega Patruno «che l'accettazione non ammette l'apposizione di termini e condizioni e che, con tale accettazione, *immediatamente* il prescelto diventa papa. La stessa cosa si verifica con la rinuncia. Come l'accettazione non tollera termini o condizioni, analogamente anche la rinuncia, che è un *contrarius actus*, un atto uguale e contrario all'accettazione, un atto simmetrico, non tollera termini o condizioni di sorta».

Che cosa sottintendono queste norme canonistiche richiamate dall'avvocato Patruno? Sottintendono il fatto che il ministero petrino non è un mero ufficio amministrativo o burocratico,[76] ma è un

[75] Al can. 44 del titolo III del Codice dei canoni delle Chiese Orientali, § 1 si legge: «*Supremam et plenam in Ecclesia potestatem Romanus Pontifex obtinet legitima electione ab ipso acceptata una cum ordinatione episcopali; quare eandem potestatem obtinet a momento acceptationis electus ad summum pontificatum, qui episcopali charactere insignitus est; si vero charactere episcopali electus caret, statim ordinetur Episcopus*».

[76] Lo esprime bene il Codice di diritto canonico del 1917 al can. 219 dove afferma che «il Romano Pontefice, legittimamente eletto, ottiene *per diritto divino*, immediatamente dopo la sua elezione, la piena potestà di suprema giurisdizione». Sottolineo: «per diritto divino». E padre Ghirlanda scrive: «In Udg [*Universi Dominici Gregis*, NdA] Introd., con riferimento in nota al c. 332, § 1, viene dichiarato che è dottrina di fede («*doctrina est fidei*»), quindi di istituzione divina, che la potestà del Sommo Pontefice deriva dallo stesso Cristo. Questo innanzitutto vuol dire che al Romano Pontefice non conferisce la sua suprema potestà personale nessuna autorità umana, né civile né ecclesiastica, come potrebbe essere il Collegio Cardinalizio o un Concilio

munus che Dio conferisce se c'è il «sì» dell'uomo. C'è sempre una collaborazione tra Dio e l'uomo. Dio lascia libero l'uomo di dire «sì» e se accetta lo investe dell'autorità di supremo pastore e della grazia di stato. Che permane fintanto che c'è la volontà del soggetto.

Se tale volontà viene meno, Dio immediatamente ritira (come immediatamente l'ha data) quell'autorità e quel carisma, ma deve esserci la piena e intima volontà di ritirare completamente quel «sì» (e nel caso di Benedetto XVI questo non c'è o almeno è assolutamente dubbio), inoltre non è possibile porre condizioni a Dio in modo che Egli aspetti a ritirare quell'autorità e quella grazia di stato e lo faccia dalle ore 20.00 di un giorno prossimo venturo (così come non sarebbe possibile farlo per il «sì» del matrimonio).

Quali potrebbero essere le conseguenze se si ritenesse che quel termine temporale non ha validità giuridica?

«La ragione per cui gli *actus legitimi*, come l'accettazione o la rinuncia non tollerano l'apposizione di condizioni o termini» risponde Patruno «risiede nel fatto che si tratta di atti che si compiono mediante la pronuncia di *certa verba*, come dicevano i

Ecumenico o un Sinodo dei Vescovi, in quanto il Romano Pontefice è sottoposto solo a Cristo, di cui è Vicario universale e visibile qui in terra». Gianfranco Ghirlanda, *Cessazione dall'ufficio di Romano Pontefice*, cit.

giuristi romani, tali da risultare logicamente incompatibili con un rinvio – quale la condizione o il termine comportano – degli effetti dello stesso che con quei *certa verba* si compie. Dunque, l'incasellamento dell'accettazione e della rinuncia in questa categoria giuridica comporta la nullità radicale dell'atto (*vitiatur et vitiat*).»

Ma non potrebbe invece essere ritenuta valida la rinuncia a partire proprio dalla data dell'11 febbraio quando fu pronunciata?

«Se si ritenesse valida la rinuncia dell'11 febbraio ed il termine (del 28 febbraio 2013, ore 20.00) come non apposto (*vitiatur, sed non vitiat*) bisognerebbe riconoscere che gli atti compiuti da Benedetto XVI in quell'arco temporale (dall'11 al 28 febbraio 2013) sono giuridicamente nulli, in quanto compiuti da chi non sarebbe stato più papa. Quindi, per esempio, dovrebbe ritenersi nullo il motu proprio *Normas Nonnullas* del 22 febbraio 2013 con il quale modificava le norme per l'elezione dei papi.»

Quel motu proprio autorizzava anche l'anticipo del Conclave[77] che poi fu effettivamente anticipato di qualche giorno.[78] A cascata ne deriverebbe pure l'invalidità di quel Conclave tenuto con quelle norme modificate?

[77] Andrea Tornielli, *Motu proprio per l'anticipo del Conclave*, Vatican Insider, 25 febbraio 2013, https://bit.ly/2PtvjSs.
[78] Mimmo Muolo, *Conclave al via il 12 marzo. Montato il camino sulla Sistina*, «Avvenire», 8 marzo 2013, https://bit.ly/2QJM4cm.

«Non lo escludo. Tuttavia, personalmente propendo per l'opzione che ritiene invalida, in radice e totalmente, la rinuncia, secondo il noto principio del diritto che riprende una *quaestio* del giurista romano Emilio Papiniano: *"Actus legitimi, qui non recipiunt diem vel condicionem [...] in totium vitiantur per temporis vel condicionis adiectionem"*.»

Qual è la ragione giuridica (che si aggiunge a quella teologica di cui abbiamo parlato a proposito dell'accettazione o della rinuncia del pontificato)?

«La *ratio* dell'inapponibilità di elementi accidentali a simili negozi o atti giuridici va rinvenuta nel fatto che l'importanza sociale degli effetti di questi atti esige che non vi sia incertezza circa la loro esistenza, la loro efficacia (immediata) e la durata degli effetti giuridici. Di qui l'incompatibilità logica di questi atti con un rinvio degli effetti dell'atto che con quei *certa verba* si compiono.»

È dunque evidente che c'è un problema giuridico aperto.

***

Oltre a questo colpisce, nella *Declaratio*, la causa della rinuncia: il venir meno delle forze per «l'età avanzata».

Un autorevole canonista, il cardinale Vincenzo Fagiolo che, nel 1994, come presidente del Pontificio Consiglio per l'interpretazione dei testi legislativi, fu incaricato da Giovanni Paolo II di «effettuare uno studio sulle implicazioni giuridiche ed ecclesiologiche della *renuntiatio papae*»,[79] concluse il suo lavoro affermando che «in maniera tassativa e assoluta il Papa non potrà mai dimettersi a motivo della sola età».[80]

Nel caso di Benedetto XVI proprio l'età è il motivo addotto della rinuncia. Del resto, non c'era nessuna malattia grave incombente, né alcun decadimento intellettivo, tanto è vero che a distanza di quasi sei anni dalla rinuncia egli è perfettamente lucido e in possesso delle sue facoltà.

Com'è possibile, dunque, che abbia veramente rinunciato al ministero di vicario di Cristo in mancanza dei gravi motivi previsti dalla Chiesa?

La letteratura canonistica è unanime. Luigi Chiappetta scrive che «il Romano Pontefice accetta liberamente il suo ufficio e liberamente può rinunziarvi, *supposta ad liceitatem* (per dovere morale, non giuridico) una causa giusta e proporzionata».[81] La qual cosa significa che occorre un gravissimo motivo generalmente indicato nella perdita delle facoltà intellettive, altrimenti sarebbe sì un atto valido, ma moralmente deplorevole.

---

[79] Cit. in Valerio Gigliotti, *La tiara deposta*, Olschki, Firenze 2014, p. 399.
[80] Ivi, p. 401.
[81] Luigi Chiappetta, *Prontuario di Diritto canonico e concordatario*, Edizioni Dehoniane, Roma 1994, Presentazione del cardinale Camillo Ruini, p. 1073, voce «Romano Pontefice», num. 3, *In caso di rinunzia*.

Pure il canonista Carlo Fantappiè conferma che la rinuncia al papato si può avere solo «in casi davvero eccezionali e per il bene superiore della Chiesa». Questa è «la condizione per rinunciare all'ufficio senza cadere in colpa grave davanti a Dio».[82]

Siccome Benedetto XVI non indica motivi eccezionali,[83] non potendo pensare che sia voluto «cade-

---

[82] Carlo Fantappiè, *Papato, sede vacante e «papa emerito». Equivoci da evitare*, in Sandro Magister, *Avviso di pericolo: una Chiesa con due Papi*, «L'Espresso», 9 marzo 2013, https://bit.ly/2OnGbEP.

[83] In questa misteriosa storia, che – al momento – deve ancora essere chiarita, papa Ratzinger è talora ricorso a spiegazioni surreali, spiegazioni che forse dovevano far intuire proprio che non poteva parlare, che non poteva dire come stavano le cose. Infatti, in un'intervista con Elio Guerriero (*Ratzinger, la confessione: «Troppo stanco, così ho lasciato il ministero petrino»*, Repubblica.it, 24 agosto 2016, https://bit.ly/2En6nuW) ha dichiarato che per l'estate 2013 era stata fissata la Giornata mondiale della gioventù a Rio de Janeiro in Brasile e siccome lui – dopo il viaggio in Messico – non se la sentiva più di volare e la tradizione delle Gmg richiedeva la presenza del papa, egli – per non rinunciare alla Gmg – rinunciò al papato («Anche questa era una circostanza per la quale la rinuncia era per me un dovere»). Ora, una spiegazione così bizzarra suonerebbe pretestuosa in chiunque, ma ancor di più in un uomo dalla fede profonda come Benedetto XVI che ben conosce (e ha più volte spiegato) il grave mandato divino che sta alla base di un pontificato (non risulta che nel Vangelo il ministero petrino sia stato subordinato alla presenza alle Gmg). Fra rinunciare al papato e rinunciare alla Gmg non è neanche ipotizzabile che la scelta di un papa sia rinunciare al papato. Oltretutto in quell'intervista Ratzinger incorre nella classica *excusatio non petita* quando dice: «La presenza fisica del Papa era indispensabile. Non si poteva pensare a un collegamento televisivo o ad altre forme garantite dalla tecnologia». E perché no? Oltretutto chi ha potuto vedere quella Gmg (come

101

re in colpa grave», i casi – escludendo la costrizione – sono due: o la sua non è una vera e piena rinuncia al papato o i motivi eccezionali non sono stati spiegati. C'è anche la possibilità – come vedremo – che siano vere contemporaneamente entrambe queste due circostanze.

In caso contrario il ministero di vicario di Cristo verrebbe di fatto desacralizzato e ridotto a un normale ufficio umano che si abbandona a causa dell'età, ma non si può certo credere che Benedetto XVI sia d'accordo col suo storico avversario Hans Küng che dichiarò trionfalmente: «Adesso è chiaro che le dimissioni danno il via alla demistificazione del ministero pontificio, le cui ripercussioni non sono ancora calcolabili».[84]

No, la scelta di Benedetto XVI è (come vedremo) del tutto opposta a tale concezione: quindi ci sono altre spiegazioni dei suoi gesti e delle sue parole.

Tornando alla *Declaratio*, un altro aspetto da rilevare è la laconicità della formula che usa («Dichiaro di rinunciare al ministero di Vescovo di Roma, successore di san Pietro»).

La si può confrontare con la formula che usò Paolo VI scrivendo una sua lettera di rinuncia da far

---

le altre) si sarà reso conto che per la stragrande maggioranza dei giovani lì accorsi il papa fu visibile solo attraverso i grandi video. Esattamente come se fosse stato collegato da Roma.

[84] Hans Küng, *Una battaglia lunga una vita*, Rizzoli, Milano 2014, pp. 1093-1094.

valere in caso di malattia grave: «Dichiariamo: nel caso di infermità, che si presuma inguaribile, o di lunga durata, e che ci impedisca di esercitare sufficientemente le funzioni del nostro ministero apostolico; ovvero nel caso che altro grave e prolungato impedimento a ciò sia parimente ostacolo, di rinunciare al nostro sacro e canonico ufficio, sia come Vescovo di Roma, sia come Capo della medesima Santa Chiesa cattolica».

Nel caso di Benedetto XVI non c'è alcun riferimento a malattie gravemente invalidanti e c'è la (sola) rinuncia al «ministero di Vescovo di Roma»; nel caso di Paolo VI la rinuncia – dovuta a eventuale grave malattia – viene fatta espressamente «sia come Vescovo di Roma, sia come Capo della medesima Santa Chiesa cattolica».

Può essere un dettaglio senza significato particolare. Ma potrebbe anche averlo. Indurrebbe a pensarlo la lettura e l'analisi attenta della *Declaratio* fatta dal canonista Stefano Violi che è giunto a conclusioni sorprendenti e dirompenti.

***

Nei primi mesi del 2013, subito dopo la rinuncia di Benedetto XVI, Stefano Violi, docente alla facoltà di Teologia di Lugano e alla Facoltà Teologica dell'Emilia Romagna, pubblicò uno studio sulla «Rivista Teologica di Lugano» intitolato *La rinuncia di Benedetto XVI. Tra storia, diritto e coscienza.*[85]

Prima di riprenderne i passaggi fondamentali va sottolineato che il papa nella sua *Declaratio* – curiosamente – non menzionò il passo del Codice di diritto canonico che regola la rinuncia pontificia, come sarebbe stato ovvio.

Perché?

Forse perché non era la rinuncia al papato ciò che egli intendeva fare? Non si sa.

Quello che però – con l'analisi razionale – Violi scopre è davvero molto significativo e ci fa intuire la risposta: «La formula con cui Benedetto XVI ha dichiarato la sua decisione, discostandosi dal dettato codiciale, introduce però un precedente giuridico innovativo nella storia della Chiesa, ultimo atto solenne di magistero».

Peraltro, lo stesso Benedetto sottolinea nell'udienza generale del 27 febbraio che c'è una «novità» nel suo atto: «Ho fatto questo passo nella piena consapevolezza della sua gravità e anche novità».[86]

Ma qual è questa novità? Ecco la spiegazione di Violi: «Venendo ora alla formula utilizzata per esprimere la rinuncia, due sono i dati che emergono dalla *declaratio*: in primo luogo il mancato richiamo al

[85] Stefano Violi, *La rinuncia di Benedetto XVI. Tra storia, diritto e coscienza*, «Rivista Teologica di Lugano», n. 2/2013, pp. 203-214.
[86] Benedetto XVI, *Udienza generale*, 27 febbraio 2013, https://bit.ly/2yvDfLv.

can. 332 § 2; in secondo luogo la scelta di un lessico differente tanto dalla norma *Quoniam alicui* di Bonifacio VIII che parla di rinuncia al Papato (*renuntiare papatui*), quanto dal dettato codiciale che disciplina invece la *renuntiatio muneri*. La *declaratio* infatti afferma la *renuntiatio ministerio*».

La novità della formula usata da Benedetto «può essere colta in tutta la sua portata» avverte Violi «ricostruendo le articolazioni argomentative del testo».

E qui scopriamo che, lungi dall'essere una dichiarazione formale dal significato scontato, il testo di Benedetto XVI è complesso, non ha proprio nulla di scontato (nemmeno la presunta rinuncia al papato) ed è denso di passaggi teologici e canonistici che aprono prospettive sorprendenti. Non a caso monsignor Gänswein dirà che il passo è stato frutto di una lunga meditazione teologica da parte del papa.

Dunque, va riconosciuto il merito di Violi che ne ha compreso la portata e ha decifrato gli importanti contenuti di quelle poche righe, mentre da parte del ceto ecclesiastico, giornalistico e intellettuale in genere ha dominato – anche in questo caso – una certa superficialità.

Quasi nessuno ha voluto capire o si è posto domande nemmeno di fronte all'evidente eccezionalità degli eventi in corso e dopo la pubblicazione di studi come quello di Violi.

Vediamo allora di sintetizzare i passaggi di Benedetto XVI e la decifrazione che Violi ne fa.

Il canonista si sofferma sulla frase decisiva della *Declaratio* di Benedetto XVI: «Le mie forze, per l'età avanzata, non sono più adatte per esercitare in modo adeguato il ministero petrino».

La parola chiave è «esercitare». Infatti Violi commenta: «La consapevolezza della coscienza riguarda la sopravvenuta inidoneità ad amministrare rettamente l'incarico (*munus*) petrino. Attraverso questa formulazione [...] l'incarico (*munus*) viene distinto dalla sua amministrazione. Le forze gli appaiono inidonee all'amministrazione del *munus*, non al *munus* stesso».

La formula scelta dal papa – fa capire Violi – mette in rilievo «l'essenza eminentemente spirituale del *munus* petrino».

È infatti sbagliato leggere la rinuncia «sotto l'ottica dell'efficienza moderna», ovvero quella di un'azienda in cui un dirigente che non ha più le forze per esercitare il suo ruolo e si dimette, tornando a vita privata.

No. Il papa ha a cuore anzitutto «l'essenza spirituale del ministero petrino, testimoniata da Giovanni Paolo II fino alla morte».

E «proprio la comprensione spirituale del *munus* consente a Benedetto XVI di fondare la legittimità della sua rinuncia senza negare la scelta del suo predecessore».

Cosicché, nella decisione di Joseph Ratzinger di restare papa (emerito) c'è tutto l'insegnamento di san Giovanni Paolo II sull'essenza spirituale del *munus* petrino che rimane al di là dell'efficienza di chi lo porta.

Ecco perché Benedetto XVI dirà nel suo ultimo discorso: «Il "sempre" è anche un "per sempre" – non c'è più un ritornare nel privato. La mia decisione di rinunciare all'esercizio attivo del ministero non revoca questo».

C'è poi – sul ministero pontificio – una raffinatissima elaborazione e meditazione teologica del papa nella sua *Declaratio* che – ovviamente – è passata inosservata anche agli addetti ai lavori.

Secondo Violi, infatti, Benedetto XVI nel suo testo propone «due fondamentali distinzioni» relative al *munus* petrino: «In primo luogo distingue tra *munus* ed *executio muneris*, evocando la distinzione grazianea tra *potestas officii* e la sua *executio* e riprendendo la distinzione tra *munus* e la sua amministrazione; in secondo luogo distingue, tra le diverse attività che compongono la *executio*, tra un'*executio* amministrativo-ministeriale (*agendo et loquendo*) e una più spirituale (*orando et patiendo*)».

L'adempimento del ministero petrino «con la preghiera e il patire» non è affatto inferiore all'*executio* fatta con l'azione e l'insegnamento, come ha mostrato san Giovanni Paolo II.

Così Benedetto XVI ha voluto mostrare la legittimità e la grandezza della scelta di Giovanni Paolo II di restare papa negli anni finali, quando la sua malattia era più invalidante.

Tuttavia, i tempi sono molto diversi rispetto ad allora («Nel mondo di oggi, soggetto a rapidi mutamenti e agitato da questioni di grande rilevanza per la vita della fede») e le diverse circostanze storiche portano Benedetto XVI a una scelta differente, così «dichiara di rinunciare al *ministerium*. Non al papato, secondo il dettato della norma di Bonifacio VIII; non al *munus* secondo il dettato del canone 332 § 2» precisa Violi «ma al *ministerium*, o, come specificherà nella sua ultima udienza all'"esercizio attivo del ministero"».

La conclusione del canonista è chiara: «Oggetto della rinuncia irrevocabile infatti è l'*execution muneris* mediante l'azione e la parola (*agendo et loquendo*) non il *munus* affidatogli una volta per sempre».

E «la rinuncia limitata all'esercizio attivo del *munus* costituisce la novità assoluta della rinuncia di Benedetto XVI».

Ecco perché il papa nel suo ultimo discorso pubblico aveva parlato di «novità» del suo atto.

Si potrà casomai chiedersi quale sia il fondamento giuridico di una tale via, dal momento che mai finora era stata praticata.

Violi spiega che, ovviamente, tale fondamento non è costituito dal canone 332 § 2 del Codice di diritto canonico «che disciplina una fattispecie differente di rinuncia».

Invece, «il fondamento teologico giuridico è la *plenitude potestatis* sancita dal can. 331. Proprio nel fascio delle potestà inerenti l'ufficio è compresa anche la potestà privativa ovvero la facoltà libera e insindacabile di rinunciare a tutte le potestà stesse senza rinunciare al *munus*».

In questo modo, secondo Violi, «Benedetto XVI ha esercitato la pienezza del potere privandosi di tutte le potestà inerenti il suo ufficio, per il bene della Chiesa, senza però abbandonare il servizio della Chiesa».

Un «atto supremo di abnegazione» che «costituisce in realtà l'atto supremo del potere», così il papa «ha incarnato la forma più elevata del potere nella Chiesa sull'esempio di Colui che avendo tutto il potere nelle sue mani depose le vesti, non dismettendo in questo modo, ma portando a compimento il suo ufficio a servizio degli uomini, cioè la nostra salvezza».

Quando Violi spiega che «il *munus* spirituale, per essere pienamente adempiuto, può comportare la rinunzia alla sua amministrazione» e «questa non determina in alcun modo la rinuncia alla missione inerente l'ufficio, ma ne costituisce il compimento più vero», si avvicina molto alla categoria filosofica di «stato di eccezione» di Carl Schmitt.

E proprio questa categoria fu evocata nel fondamentale discorso di monsignor Georg Gänswein, il più stretto collaboratore di Benedetto XVI, a proposito della sua rinuncia.

Lo notò – e lo spiegò magistralmente – Guido Ferro Canale[87] che ricordò la pagina del pensatore tedesco, ovviamente riferita allo Stato:

> Sovrano è chi decide sullo stato di eccezione. [...] Qui con stato di eccezione va inteso un concetto generale della dottrina dello Stato, e non qualsiasi ordinanza d'emergenza o stato d'assedio. [...] Infatti, non ogni competenza inconsueta, non ogni misura o ordinanza poliziesca d'emergenza è già una situazione d'eccezione: a questa pertiene piuttosto una competenza illimitata in via di principio, cioè la sospensione dell'intero ordinamento vigente. Se si verifica tale situazione, allora è chiaro che lo Stato continua a sussistere, mentre il diritto viene meno.[88]

L'evocazione di questa categoria da parte di colui che rappresenta un po' la «voce» pubblica di Benedetto XVI – in quel fondamentale discorso – avvenne a due riprese. Prima disse:

> Molti continuano a percepire ancor oggi questa situazione nuova come una sorta di stato d'eccezione voluto dal Cielo.

[87] Guido Ferro Canale, *La rinuncia di Benedetto XVI e l'ombra di Carl Schmitt*, nella rubrica «Settimo cielo» di Sandro Magister, «L'Espresso», 4 luglio 2016, https://bit.ly/2Om6nQc.

[88] Carl Schmitt, «Teologia politica», in *Idem*, *Le categorie del politico*, il Mulino, Bologna 1972, pp. 34 e 38-39.

Poi fece sua quella categoria facendone la chiave di lettura della decisione di Benedetto XVI:

> Dall'11 febbraio 2013 il ministero papale non è più quello di prima. È e rimane il fondamento della Chiesa cattolica; e tuttavia è un fondamento che Benedetto XVI ha profondamente e durevolmente trasformato nel suo pontificato d'eccezione (*Ausnahmepontifikat*).

Ferro Canale ha tratto così le conseguenze di quel ragionamento:

> La lettura sembra piuttosto chiara: quello di Benedetto XVI diventa un «pontificato di eccezione» in forza della rinuncia e nel momento della rinuncia. Ma perché l'espressione è riportata anche in tedesco, come *Ausnahmepontifikat*? [...] *Aus-nahme*: letteralmente, «fuori-legge». Uno stato di cose che non può essere regolato a priori e quindi, se si verifica, obbliga a sospendere l'intero ordinamento giuridico. Un *Ausnahmepontifikat*, dunque, sarebbe un pontificato che sospende, in qualche modo, le regole ordinarie di funzionamento dell'ufficio petrino o, come dice monsignor Gänswein, «rinnova» l'ufficio stesso. E, se l'analogia corre, questa sospensione sarebbe giustificata, o piuttosto imposta, da un'emergenza impossibile ad affrontarsi altrimenti.

Come s'intuisce a questo punto, la scelta di essere «papa emerito» rappresenta qualcosa di enorme e contiene un «segreto» di colossale importanza per la Chiesa.

È stupefacente che tutti, nel mondo ecclesiastico e mediatico, abbiano cercato di ignorare i fatti, pur così clamorosi.[89] Arrivando a «rimuovere» non solo il saggio di Violi, ma soprattutto un evento eclatante come la – citata – conferenza di monsignor Gänswein.

***

[89] Fra le rarissime, ma preziose eccezioni c'è Vittorio Messori. Il celebre scrittore cattolico, il 28 maggio 2014, pubblicò sul «Corriere della Sera» un articolo intitolato: *Ratzinger non si è ritirato a vita privata. Ecco perché abbiamo davvero due papi.* Messori si rifaceva proprio allo studio di Stefano Violi e fra l'altro scriveva: «È prevedibile che le conclusioni del professor Violi susciteranno dibattito tra i colleghi», ma su questo si sbagliava: non aveva considerato la plumbea cappa di conformistico silenzio che grava sui media e sul ceto ecclesiastico per tutto ciò che può «disturbare» l'attuale potere vaticano. Peraltro, il 9 settembre 2015 lo scrittore cattolico si recò in visita privata al papa emerito (la richiesta era stata di quest'ultimo). Per fugare le voci che si stavano diffondendo ne fece un piccolo resoconto sulla «Nuova Bussola Quotidiana» il 16 settembre successivo. Un articolo molto interessante (dove non si fa menzione di papa Bergoglio) di cui ricordo un passaggio assai significativo perché sono parole non casuali, scritte per chi ha orecchi per intendere: «Mentre mi inchinavo per baciargli la mano (come vuole una tradizione che rispetto, soprattutto da quando si cerca di declassare il ruolo e la figura del Supremo Pontefice), Sua Santità mi ha messo una mano sulla testa, per una benedizione che ho accolto come un grande dono». Un'altra frase significativa di Messori, per chi sappia capire tra le righe: «Ad altri temi abbiamo poi accennato ma, per questi, vale una discrezione doverosa». Vittorio Messori, *Una mattina nell'eremo del Papa emerito*, «La nuova Bussola Quotidiana», 16 settembre 2015, https://bit.ly/2OiobM1.

Il 21 maggio 2016, l'arcivescovo Georg Gänswein, alla Pontificia Università Gregoriana di Roma, partecipa come relatore alla presentazione del libro di Roberto Regoli *Oltre la crisi della Chiesa. Il pontificato di Benedetto XVI.*

Il suo non è affatto un intervento di circostanza, ma sorprende l'uditorio perché non si limita ad alcune considerazioni innocue, più o meno celebrative, né resta relegato ai ricordi personali.

Come si è già visto nelle pagine precedenti, a proposito del Conclave del 2005, entra nei temi più scottanti e in particolare affronta quel tabù che è la rinuncia di Benedetto XVI e che è soprattutto il suo papato emerito e la situazione che, con esso, si è creata ai vertici della Chiesa.

Lo fa in un modo che è parso a qualcuno addirittura spregiudicato. Anche perché Gänswein è rimasto prefetto della Casa pontificia pure con papa Bergoglio.

Però va detto che in questa sorprendente conferenza il segretario e principale – oggi unico – collaboratore pubblico di Benedetto XVI non fa ipotesi, non avanza sue tesi, ma – in modo evidente – illustra le intenzioni più profonde e i ragionamenti di Benedetto. Con il tono sicuro – e senza timore di smentita – che può avere solo chi parla, se non «a nome dell'interessato», quantomeno col suo *placet*. Perché – in caso contrario – sarebbe davvero temerario e si esporrebbe a disastrose smentite.

Infatti, nonostante il clamoroso contenuto del suo discorso, non ha avuto alcun cenno di smentita da Benedetto XVI, come non ha avuto alcun richiamo dal Vaticano (sebbene sia stato forte il disappunto dalle parti di Santa Marta).

Del resto, c'è un'architettura teorica di tale audacia in questo discorso che difficilmente un prefetto della Casa pontificia in carica potrebbe permettersi, se non altro per dovere di prudenza. E c'è un pensiero teologico da cui davvero traspare la lucidità e la genialità di Joseph Ratzinger.

Questo discorso, per ora, rappresenta, a tutti gli effetti, la più esplicita spiegazione della scelta di Benedetto XVI e del suo «status attuale». Che sia stato volutamente ignorato, pressoché «silenziato», quando avrebbe dovuto far clamore e avrebbe dovuto innescare un grande dibattito nella Chiesa, la dice lunga sul clima che si respira attorno alla questione del papato.

Eccoci dunque ad analizzare punto per punto l'esplosiva conferenza.[90] Qui mi limiterò a proporne dei flash, come facendo delle sottolineature e delle chiose.

Anzitutto è significativo che Gänswein esordisca affermando che questa è «un'epoca senza preceden-

---

[90] È possibile leggere la trascrizione integrale sul sito di Aci Stampa, col titolo *Benedetto XVI, la fine del vecchio, l'inizio del nuovo. L'analisi di Georg Gänswein*, all'indirizzo https://bit.ly/2Onpcml.

ti» nella storia della Chiesa e poi subito ha un'espressione singolare: «Come ai tempi di Pietro [...] la Chiesa [...] continua ad avere un unico Papa legittimo. E tuttavia, da tre anni a questa parte, viviamo con due successori di Pietro viventi tra noi».

La frase che segue, peraltro, fa pensare che i «due successori di Pietro viventi» (che, precisa Gänswein, «non sono in rapporto concorrenziale fra loro») abbiano lo stesso status, senza subordinazione.

Il pensiero prosegue così: «Molti continuano a percepire ancor oggi questa situazione nuova come una sorta di stato d'eccezione voluto dal Cielo».

Qui – come abbiamo già visto – per la prima volta Gänswein introduce la categoria schmittiana dello «stato d'eccezione», ma addirittura come «voluto dal Cielo» (pensiero che riporta attribuendolo a «molti»).

Poi si pone la domanda (retorica?) se «è già il momento per fare un bilancio del pontificato di Benedetto XVI», ma fa subito capire che la sua risposta è negativa perché «solo *ex post* i papi possono essere giudicati e inquadrati correttamente».

Viene dunque da pensare che il pontificato di Benedetto XVI non sia finito. Peraltro, a riprova di quanto affermato, Gänswein cita Regoli il quale evoca il caso di Gregorio VII che «morì in esilio a Salerno – da fallito, a giudizio di tanti suoi contemporanei» mentre oggi possiamo dire che quel grande papa «in mezzo alle controversie del suo tempo, plasmò in modo decisivo il volto della Chiesa per le generazioni che seguirono».

Quali erano tali controversie? Quel santo pontefice fu un grande riformatore della Chiesa dell'XI secolo, ma passò alla storia soprattutto per la lotta per le investiture, cioè uno scontro durissimo col potere politico, nella persona dell'imperatore Enrico V, a cui – col *Dictatus Papae* del 1075 – tolse il primato, attribuendolo al papato, e tolse soprattutto il diritto di interferire nella vita della Chiesa. Dunque, un'evocazione che fa seriamente riflettere.

Poi Gänswein sottolinea che la «rinuncia» di Benedetto XVI – il quale «decise di non rinunciare al nome che aveva scelto» – è diversa da quella di papa Celestino V il quale – dopo il suo abbandono del papato – «era ridiventato Pietro dal Morrone».

E qui arriva una delle affermazioni più sorprendenti e clamorose: «Perciò, dall'11 febbraio 2013 il ministero papale non è più quello di prima. È e rimane il fondamento della Chiesa cattolica; e tuttavia è un fondamento che Benedetto XVI ha profondamente e durevolmente trasformato nel suo pontificato d'eccezione (*Ausnahmepontifikat*)».

Siamo di fronte a un annuncio eccezionale: nientemeno una trasformazione del ministero papale e l'inizio di un «pontificato d'eccezione» da parte di Benedetto XVI. Con il termine tedesco che inevitabilmente richiama Carl Schmitt.

A questo proposito, come già ho detto, Guido

Ferro Canale, che ha il merito di aver colto l'allusione, osserva, dopo aver chiarito il concetto schmittiano:

> Un *Ausnahmepontifikat*, dunque, sarebbe un pontificato che sospende, in qualche modo, le regole ordinarie di funzionamento dell'ufficio petrino o, come dice Gänswein, «rinnova» l'ufficio stesso.

Quindi si chiede se «un concetto dalle implicazioni simili» possa essere stato da Gänswein «impiegato con leggerezza, in modo impreciso, magari solo per alludere alle difficoltà di inquadrare la situazione creatasi con la rinuncia secondo le regole e i concetti ordinari».

Ma la risposta che il giurista si dà è negativa: «Non mi sembra possibile per tre ragioni». Che sono:

> 1) L'improprietà di linguaggio non si presume, a maggior ragione trattandosi di uno dei concetti più conosciuti di uno studioso che, almeno in Germania, è noto *lippis et tonsoribus*, anche ai miopi e ai barbieri.»
> 2) L'enfasi, evidente fin dal titolo, su effetti e portata della rinuncia, che non è certo considerata una possibilità di rara occorrenza ma tranquillamente prevista dal Codice di diritto canonico (si consideri che è definita, tra l'altro, «ben ponderato passo di millenaria portata»).
> 3) I possibili riferimenti alla situazione critica concreta che mi sembra di ravvisare nell'intervento di Gänswein. Si consideri quanto egli dice sull'elezio-

ne di Benedetto XVI «a seguito di una drammatica lotta».[91]

In effetti, quanto afferma successivamente Gäns-wein (che interpreta addirittura come un segno «drammatico» il fulmine sulla cupola di San Pietro) mostra che siamo di fronte a «una svolta storica» nella cornice dello «scontro» (testuale) tra il «Parti-to del sale della terra» (che sosteneva Ratzinger nel Conclave del 2005) e il «Gruppo di San Gallo» (che invece sosteneva Bergoglio).

Quello al pontificato d'eccezione/stato d'eccezio-ne è, dunque, un richiamo filosofico ben meditato e appropriato.

Naturalmente, l'evocazione di questa espressione, a sua volta, non chiarisce la questione, ma, anzi, su-scita una serie di interrogativi ancora più gravi e che restano per ora irrisolti.

Infatti l'arcivescovo Gänswein elogia Regoli, l'autore del libro, perché «non avanza la pretesa di sondare e spiegare completamente quest'ultimo, misterioso passo» che aveva definito «passo di mil-lenaria portata storica».

È ovvio che – se lo stesso arcivescovo collabora-tore di Benedetto XVI lo definisce «misterioso» e ancora da spiegare – siamo di fronte a qualcosa di enorme che non è ancora stato svelato. Il fatto stes-

---

[91] Guido Ferro Canale, *La rinuncia di Benedetto XVI e l'ombra di Carl Schmitt*, cit.

so che non possa essere detto (almeno per ora) autorizza qualunque ipotesi.

Tuttavia, qualcosa è stato chiarito, in particolare dallo stesso monsignor Gänswein che – a proposito del testo della *Declaratio* – ha spiegato qual è la «parola chiave» da capire: *munus*.

Così si direbbe che la concordanza con l'interpretazione di Stefano Violi è molto evidente.

Oltretutto Gänswein aggiunge la spiegazione che è obiettivamente esplosiva:

> Prima e dopo le sue dimissioni Benedetto ha inteso e intende il suo compito come partecipazione a un tale «ministero petrino». Egli ha lasciato il Soglio pontificio e tuttavia, con il passo dell'11 febbraio 2013, non ha affatto abbandonato questo ministero. Egli ha invece integrato l'ufficio personale con una dimensione collegiale e sinodale, quasi un ministero in comune. [...] Dall'elezione del suo successore Francesco il 13 marzo 2013 non vi sono dunque due papi, ma *de facto* un ministero allargato – con un membro attivo e un membro contemplativo. Per questo Benedetto XVI non ha rinunciato né al suo nome, né alla talare bianca. Per questo l'appellativo corretto con il quale rivolgerglisi ancora oggi è «Santità»; e per questo, inoltre, egli non si è ritirato in un monastero isolato, ma all'interno del Vaticano – come se avesse fatto solo un passo di lato per fare spazio al suo successore e a una nuova tappa nella storia del papato che egli, con quel passo, ha arricchito con la «centrale» della sua preghiera e della sua compassione posta nei Giardini vaticani.

Siamo di fronte ad affermazioni di tale audacia che dovrebbero far sobbalzare gli «addetti ai lavori».

La prima frase lascia quasi intendere che non vi sia una differenza sostanziale fra «prima e dopo» le «dimissioni», perché Benedetto egualmente partecipa al «ministero petrino». Infatti, ribadisce che il papa «non ha affatto abbandonato questo ministero».

La parte più enigmatica è quella dove si prospetta la «dimensione collegiale» del ministero petrino, «quasi un ministero in comune». Questo è un concetto su cui canonisti e teologi hanno molto da eccepire ed è necessario che prima o poi venga dipanato.

Nelle righe successive Gänswein toglie il prudente «quasi» e afferma chiaramente che «non vi sono dunque due papi, ma *de facto* un ministero allargato – con un membro attivo e un membro contemplativo».

Quindi presenta quello di Benedetto XVI non come un passo indietro, ma come «un passo di lato». Poi aggiunge un altro concetto dirompente:

Egli non ha abbandonato l'ufficio di Pietro – cosa che gli sarebbe stata del tutto impossibile a seguito della sua accettazione irrevocabile dell'ufficio nell'aprile 2005. Con un atto di straordinaria audacia egli ha invece rinnovato quest'ufficio [...] e con un ultimo sforzo lo ha potenziato (come spero). Questo certo lo potrà dimostrare unicamente la storia.

Qua il segretario del papa è ancora più esplicito. Non solo nega che egli abbia «abbandonato» l'ufficio di Pietro, ma nega perfino che avrebbe potuto farlo, considerando «irrevocabile» il «sì» pronunciato al momento dell'elezione.

Bisogna riconoscere che questa affermazione è perfettamente corrispondente a quanto, come abbiamo visto, lo stesso Benedetto XVI disse nel suo ultimo discorso pubblico: «Il "sempre" è anche un "per sempre" – non c'è più un ritornare nel privato. La mia decisione di rinunciare all'esercizio attivo del ministero non revoca questo».

Ma qui si apre la grande domanda: giacché, per il diritto canonico, come si è visto, c'è un nuovo papa dal momento esatto in cui l'eletto pronuncia il suo «sì» all'elezione,[92] se non viene revocato quel «sì» di fatto non c'è una rinuncia al papato.

Benedetto XVI non aveva l'intenzione di abbandonare il papato e non ha revocato «l'accettazione» di esso fatta nell'aprile 2005 (considerandola addirittura «irrevocabile»), dunque – a rigor di logica – è ancora papa.

***

Ci si poteva aspettare che un discorso di tale portata scatenasse un enorme clamore, una ridda di ipo-

---

[92] Vedi Costituzione apostolica *Universi Dominici Gregis*, n. 87 e Codice di diritto canonico art. 332.

tesi, discussioni a non finire. Invece praticamente nulla.[93]

[93] Il sito ultrabergogliano Vatican Insider corse subito ai ripari intervistando il canonista monsignor Giuseppe Sciacca (Andrea Tornielli, *Sciacca: «Non può esistere un papato condiviso»*, Vatican Insider, 16 agosto 2016, https://bit.ly/2RGvN9b).
Il giornalista Andrea Tornielli, autore dell'intervista, iniziava in polemica implicita con Gänswein, ricordando che lo stesso Francesco aveva già risposto: «"C'è un solo Papa. Benedetto XVI è l'emerito." Lo scorso giugno, durante il volo di ritorno dall'Armenia, Francesco aveva risposto in modo chiaro e preciso a una domanda sulle teorie riguardanti la possibilità di un ministero papale "condiviso"». Ma se già aveva risposto il papa che necessità c'era di far parlare, due mesi dopo, anche un canonista? Semplice, perché la questione non era affatto chiusa. Anzi è tuttora più aperta che mai.
L'intervista a Sciacca poi è singolarissima perché tutta dedicata a confutare monsignor Gänswein, ma senza mai citarlo, com'è tipico del costume più veteroclericale. Secondo Sciacca non solo non hanno alcun senso, dal punto di vista canonistico, le cose dette da monsignor Gänswein, ma non ha senso nemmeno il titolo di «papa emerito» deciso da Benedetto XVI perché «sembrerebbe configurare una sorta di potestà pontificia distinta da un suo ulteriore tipo di esercizio».
Sciacca sostiene che «la distinzione che si trova in *Lumen Gentium* la quale appunto «distingue tra *munus* ed esercizio della *potestas*» riguarda solo l'«ufficio episcopale» e fonda la possibilità dei «vescovi emeriti», ma ciò «non può essere riferito all'ufficio del Pontefice». Così però finisce per contraddire lo stesso Bergoglio il quale – per normalizzare la presenza di Benedetto XVI – ha più volte affermato che quella dei «papi emeriti» è un'istituzione analoga a quella dei vescovi emeriti: «Settant'anni fa i vescovi emeriti non esistevano. Cosa succederà con i Papi emeriti? Dobbiamo guardare a Benedetto XVI come a un'istituzione, ha aperto una porta, quella dei Papi emeriti» (Andrea Tornielli, *Se Francesco smentisce di voler rinunciare al pontificato*, Vatican Insider, 30 maggio 2016, https://bit.ly/2yvLSWr).
Addirittura Bergoglio ha dato un giudizio molto positivo: «Con coraggio! – e con preghiera, e anche con scienza, con teologia,

Però sono arrivate conferme alle sue parole davvero sorprendenti e molto importanti.

Il 26 ottobre 2016, cinque mesi dopo quella conferenza di Gänswein, esce un'intervista clamorosa che, almeno in Italia, non ha avuto risalto.

Eppure, a parlare era il numero due della Chiesa, il cardinale Gerhard Ludwig Müller, a quel tempo prefetto della Congregazione per la dottrina della fede (il ruolo che aveva ricoperto il cardinale Ratzinger al tempo di Giovanni Paolo II).

Müller, che è anche curatore dell'*opera omnia* di Ratzinger, rilasciò un'intervista all'edizione tedesca della Radio vaticana. Ecco le sue parole:

> Per la prima volta nella storia della Chiesa abbiamo il caso di due legittimi papi viventi. Certamente solo Papa Francesco è il Papa, ma Benedetto è l'emerito, perciò in qualche modo ancora legato al papato. Questa situazione inedita deve essere affrontata teologicamente e spiritualmente. Su come farlo, ci sono diverse opinioni. Io ho mostrato che pur con tutte le diversità

[Benedetto XVI, *NdA*] ha deciso di aprire questa porta. E credo che questo sia buono per la Chiesa» (Conferenza Stampa di papa Francesco nel volo di ritorno dalla visita in Armenia, 27 giugno 2016, https://bit.ly/2IRrlAm).
Il dilemma in cui si trovano i bergogliani è senza soluzione: se infatti riconoscono il titolo di «papa emerito», devono riconoscere che Benedetto XVI è ancora papa; se lo negano e contestano l'intenzione dichiarata della «rinuncia» (la quale non è stata una rinuncia al *munus*, ma al solo esercizio attivo) ne deriva che devono allora ritenere invalida tale rinuncia (perché dubbia e parziale). In ogni caso resta il macigno Benedetto XVI sulla strada della rivoluzione bergogliana.

che riguardano la persona e il carattere, che sono date dalla natura, tuttavia anche il legame interno deve essere reso visibile.

Ma – chiese la giornalista – in cosa consiste questo legame interno? La risposta di Müller fu questa:

Si tratta del confessare [proclamare la fede in] Gesù Cristo, che è la *ratio essendi*, il vero fondamento del Papato, che tiene insieme la Chiesa nell'unità in Cristo.

Forse qui si può intravedere quella scialuppa di salvataggio che Müller ha offerto per anni a Francesco (finché non è stato da lui rimosso), per aiutarlo a continuare la sua opera, ma restando dentro i binari dell'ortodossia e in comunione piena col papa emerito. Si sarebbero potute scongiurare le scelte di Bergoglio.

Probabilmente lo stesso Benedetto approvava questa mano tesa di Müller verso Bergoglio. Alla luce di ciò si comprendono meglio i toni collaborativi che il medesimo papa emerito ha usato, nei suoi rari interventi, verso Francesco e si capisce il senso del volume che Müller scrisse tentando – allora – di riconciliare i due pontificati sotto il titolo *Benedetto & Francesco. Successori di Pietro al servizio della Chiesa*. Sappiamo che quella mano tesa però fu rifiutata da Bergoglio. E nel modo peggiore: rimuovendo Müller dalla Congregazione per la dottrina della fede.

Ma – tornando all'intervista del cardinale tedesco – la giornalista chiese ancora: «Cosa offrono alla Chiesa due papi insieme» (due che sono papi in contemporanea)?

La risposta di Müller è stupefacente e in consonanza con quanto aveva dichiarato Gänswein:

> Entrambi esercitano un ufficio che non sono stati loro a darsi e che loro non possono nemmeno definire, un ufficio che è già «de-finito» da Cristo stesso, così come è stato compreso dalla coscienza credente della Chiesa. E ognuno sperimenta nell'ufficio papale, così come in ogni altro ufficio ecclesiale, un peso che si può portare solo con l'aiuto della grazia.

Sono parole clamorose, anche perché pronunciate da colui che – in quel momento – era la massima autorità dottrinale della Chiesa.

Müller non rispose a quella domanda sostenendo – come dicono altri – che Benedetto XVI non è più papa, che è un pensionato e non ha più nessun ruolo nella Chiesa. Né disse che è qualcosa di simile ai «vescovi emeriti», come afferma papa Bergoglio. Ben altra fu la sua risposta.

Affermò che Benedetto XVI e Bergoglio «entrambi esercitano un ufficio» che è l'«ufficio papale». Disse «esercitano», cioè parlò al presente. E aggiunse che questa situazione inedita, di «due legittimi papi viventi», «deve essere affrontata teologicamente e spiritualmente».

Dunque, Müller sembra andare nella stessa direzione della clamorosa conferenza di monsignor Georg Gänswein. Poco dopo quell'intervista di Müller un vaticanista, Aldo Maria Valli – potendolo interpellare a sua volta –, gli chiese spiegazione di quelle ardite sue parole.

Ed ecco la risposta del prelato:

> In effetti stiamo vivendo una fase molto speciale nella storia della Chiesa: abbiamo il Papa, ma anche il Papa emerito. [...] Le due biografie sono quindi profondamente diverse, ma anche unite, e ciò che le unisce è il ministero petrino. Esercitano entrambi un ufficio, al servizio della fede e della Chiesa. Un ufficio che non si sono dati da se stessi, ma viene da Gesù.

Anche in questo caso colpisce l'uso del verbo al presente: «Esercitano entrambi un ufficio». E poco dopo il prelato aggiungeva: «Benedetto e Francesco [...] si dedicano pienamente alla missione del successore di Pietro, e questa è una grande ricchezza per la Chiesa».

È clamorosa una simile dichiarazione fatta dal prefetto della Congregazione per la dottrina della fede e oltretutto – lo ripeto di nuovo – coincide con quanto aveva dichiarato Gänswein.

Infatti, lo stesso intervistatore commenta: «Sembra quindi di capire che anche per il cardinale Müller siamo di fronte, per usare le categorie a cui ha fatto ricorso tempo fa monsignor Georg Gänswein, a una sorta di "ministero comune", "collegiale" o "sinodale", all'interno del quale ognuno porta un contributo specifico».[94]

Va però sottolineata l'eccezionalità della risposta del prefetto dell'ex Sant'Uffizio il quale afferma che entrambi i papi «si dedicano» (verbo al tempo presente) «alla missione del successore di Pietro». Addirittura con la sottolineatura del «pienamente». A rigor di logica significa che entrambi stanno svolgendo il ministero petrino.

Il giallo, dunque, s'infittisce, perché riaccende i riflettori sulla strana «rinuncia» di Benedetto XVI. Che rinuncia è se lui resta papa, un papa che continua a svolgere «pienamente» il ministero petrino?

Non è stato necessario attendere molto perché è arrivata anche la conferma dello stesso Benedetto XVI.

Nel libro-intervista con Peter Seewald, *Ultime conversazioni*, uscito nel 2016,[95] Benedetto XVI ha

---

[94] *Benedetto e Francesco, entrambi al servizio della Chiesa. Intervista al cardinale Müller*, blog di Aldo Maria Valli, 6 novembre 2016, https://bit.ly/2eG6nqH.

[95] Benedetto XVI (con Peter Seewald), *Ultime conversazioni*, cit. Il libro è frutto di serie di colloqui svoltisi «poco prima e dopo le dimissioni di Benedetto XVI» (p. 17), quindi le considerazioni del papa emerito su papa Bergoglio vanno collocate, cronologicamente, all'inizio del pontificato di quest'ultimo e vanno perciò intese in riferimento a un periodo in cui il suo intento «rivoluzionario» non si era ancora manifestato quantomeno con nettezza.

spiegato la sua attuale situazione di papa emerito e – sia pure con sobrietà di parole – lo ha fatto in consonanza con l'intervento del maggio 2016 del suo segretario e con le parole di Müller.

Dice infatti, in quelle pagine, che «il mio passo non è una fuga, ma appunto un altro modo di restare fedele al mio ministero».[96]

Seewald chiede se le sue dimissioni non hanno «secolarizzato» il papato, riducendolo a un ufficio come tanti altri (che è – come si è visto – la versione di Hans Küng).

Benedetto XVI anzitutto respinge tale «funzionalismo». Poi – con buona pace di monsignor Sciacca – fa un parallelo con i vescovi. Anche loro adesso possono «lasciare il posto» senza però cessare di essere vescovi, perché ognuno di loro può dire «se io sono "padre" tale rimango per sempre. Non si può semplicemente smettere di esserlo: significherebbe conferire un profilo funzionale e secolare al ministero, e trasformare il vescovo in un funzionario come un altro».

Il papa emerito riconosce che «anche un padre smette di fare il padre. Non cessa di esserlo, ma lascia le responsabilità concrete. Continua a essere padre in un senso più profondo, più intimo, con un rapporto e una responsabilità particolari ma senza

---

[96] Benedetto XVI (con Peter Seewald), *Ultime conversazioni*, cit., posizioni Kindle 580-581.

i compiti del padre. E questo è successo anche con i vescovi. [...] E così penso sia chiaro che anche il papa non è un superuomo e non è sufficiente che sia al suo posto: deve appunto espletare delle funzioni. Se si dimette, mantiene la responsabilità che ha assunto in un senso interiore, ma non nella funzione».[97]

Certo, questa spiegazione lascia aperte mille domande, perché Benedetto XVI non ha voluto chiamarsi «vescovo di Roma emerito», ma «papa emerito». Ci sarà chi solleverà problemi canonistici e teologici (il papato come «quarto grado» del sacramento dell'ordine?). Inoltre, non c'è stato un atto formale che definisse – come per i vescovi – le prerogative del papa emerito.

D'altra parte, emerge qui con evidenza che l'intenzione di Benedetto XVI non era quella di dimettersi da papa, cioè da padre, anche perché lo ritiene impossibile: pure «se si dimette, mantiene la responsabilità che ha assunto». È papa «per sempre».

Quindi – se chi lo avversa volesse impugnare questa concezione dei fatti – si ritroverebbe a fare i conti con la domanda sulla validità di una rinuncia dubbia o parziale.

Quella del papato emerito è una fattispecie che

---

[97] Benedetto XVI (con Peter Seewald), *Ultime conversazioni*, cit., p. 39.

gli antichi trattati canonistici non contemplano, ma altre forme di rinuncia dubbia sono ritenute invalide.[98]

Sarebbe interessante, a questo punto, chiedersi chi, quando e come potrebbe proclamare l'invalidità di quella rinuncia con tutte le conseguenze che ne deriverebbero sulla validità del successivo Conclave e sugli atti del nuovo eletto.

Se si guarda alla storia della Chiesa (ai tanti casi di papi e antipapi vissuti simultaneamente) si trova che c'è in materia una certa confusione.

Nel corso dei secoli si sono avute tante situazioni controverse, alcuni che erano considerati papi in vita poi non lo sono stati più e diversi casi non sono

[98] Si veda, per esempio, il testo già citato di padre Francisco Leytam, *Impenetrabilis Pontificiae Dignitatis Clypeus*, in particolare la sez. IX, §§ 71 ss. (al sito https://bit.ly/2Pw13X2). L'opera è illuminante anche per tutta una serie di altri problemi relativi al papato. Per esempio, significativo è il caso in cui il papa eletto «*ne osservarentur Sacramenta, & ut aliquid fieret contra definitiones de fide tam in Concilijs, quam extra, ab aliis Pontificibus antecessoribus factas*» (§ 77). In questo caso, infatti, «*potest deponi ab Ecclesia*». La ragione sarebbe «*quia ille praeceptiones inique contra id, quod de fide est in Ecclesia definitum, sunt signa externa significativa interni affectus haeretici: haeresis enim non solum significatur verbis, sed factis: undè si Papa b his non vult emendari, potest declarari, ut haereticus, & censebitur immediatè à Christo deponi: & tunc jam ut non Papa, sed ut persona privata potest ab Ecclesia puniri, ut suo loco dictum est*» (§ 78). Ma è anche interessante la seguente affermazione del Leytam (riferita al papa dubbio sospetto eretico): «*Et in hoc sensu, in quo de Canonica Pontificis electione nulla prudens ratio appareret, tunc Pontifex nullus esset, quia non entis, & non apparentis idem est iudicium*» (*Introductio, Discept.* VIII, § 12).

mai stati chiariti, non avendo avuto un giudizio ufficiale e definitivo.

È eminentemente una questione giuridica e storica. Perciò gli storici e i giuristi potrebbero esprimersi utilmente chiarendo molti punti oscuri. Il problema resta aperto.

***

D'altra parte è evidente che anche la spiegazione data da Benedetto XVI nel libro (ovvero il parallelo con i vescovi emeriti) è solo una risposta interlocutoria o una piccola parte di un immenso «non detto», di un mistero che il papa custodisce. E che non può – almeno per ora – svelare.

Lo dimostra anche il modo con cui egli ha risposto a chi esigeva da lui un chiarimento definitivo. Accadde quando il vaticanista Andrea Tornielli, molto prossimo a Bergoglio, raggiunse – tramite messaggio – Benedetto XVI, chiedendo una risposta finale ad articoli che – a un anno dalla sua rinuncia – sollevavano dubbi su quella vicenda, vista la sua qualifica di papa emerito.

Benedetto XVI da un lato scrisse che «non c'è il minimo dubbio circa la validità della mia rinuncia al ministero petrino» (e cos'altro doveva dire?). Dall'altro – richiesto di spiegare perché allora continuasse ad avere il titolo di papa, a chiamarsi «Sua Santità Benedetto XVI» e a vestire di bianco – rispose testualmente: «Il mantenimento dell'abito bianco e del nome Benedetto è una cosa semplicemente pratica. Nel momento della rinuncia non c'erano a disposizione altri vestiti».[99]

Risposta che si può solo definire come un ironico diversivo per eludere la domanda e per non rispondere davvero all'intervistatore, dal momento che nessuno può credere veramente che Benedetto sia rimasto papa emerito perché aveva solo tonache bianche e non ne trovava altre.

A parte il fatto che il titolo di «papa emerito» e il nome «Sua Santità Benedetto XVI» non possono essere motivati da carenze di guardaroba, perché non sono un vestito, è ben difficile credere che in Vaticano (nelle sartorie di Borgo Pio e in tutta Roma) dall'11 febbraio al 28 febbraio 2013, non si potesse reperire una tonaca da vescovo o da cardinale, ma solo vesti da papa.

Una risposta talmente surreale sembra un segnale per far capire che non poteva rispondere, che lì si toccava qualcosa di inaccessibile, che per la sua delicatezza resta un segreto.

Infatti, quella risposta *è in contraddizione con* tutto ciò che lo stesso Benedetto XVI dirà in seguito, come pure ciò che aveva detto il 27 febbraio 2013. E anche ciò che dirà nel 2016 monsignor Gänswein.

[99] *La lettera di Benedetto XVI*, blog di Andrea Tornielli, 27 febbraio 2014, https://bit.ly/2IQ7QZf.

Allora da una parte c'imbattiamo in qualcosa di indicibile, per proteggere il quale Benedetto XVI dà risposte poco comprensibili, astruse o ironiche, dall'altra lo stesso papa emerito lascia sempre piccoli segnali che – per chi vuol intendere – fanno intuire qualcosa della verità.

È accaduto anche con le due lettere di risposta al cardinale Brandmüller pubblicate dal giornale tedesco «Bild» nel settembre 2018.[100]

Il cardinale è da sempre un grande amico, estimatore e sostenitore di Joseph Ratzinger, ma essendo rimasto molto contrariato dalla sua rinuncia, in alcuni interventi – articoli e interviste – ha manifestato vigorosamente il suo disappunto.[101]

Lo ha fatto quasi imputando a lui la situazione

---

[100] Nikolaus Harbusch, *Papst Benedikt XVI. In grosser Sorge um seine Kirche*, «Bild», 20 settembre 2018, https://bit.ly/2xyS5Rd.

[101] Il prelato propone una serie di atti giuridici per definire nei dettagli tutto quello che concerne le dimissioni di un papa. Fra l'altro scrive: «È, quindi, indispensabile stabilire la modalità per accertare l'effettiva libertà dell'atto. Non basta il richiamo all'atto valido fino a prova contraria, perché – trattandosi del papa – alla rinuncia deve seguire subito l'elezione del successore. Se, in questo caso, fatta l'elezione si presentassero delle prove della mancata libertà della rinuncia le conseguenze sarebbero disastrose. La libertà dell'atto di rinuncia dovrebbe essere confermata, ad esempio, dalla dichiarazione dei capi dei tre ordini cardinalizi. Infatti si solleva in tale contesto pure la questione di un coinvolgimento del collegio cardinalizio nella rinuncia papale. Già nel caso di san Celestino V i canonisti discutevano su questo problema». Walter Brandmüller, *È necessaria una legge che stabilisca lo statuto dell'ex-papa*, in Sandro Magister, *Brandmüller: «La rinuncia del papa è possibile, ma è da sperare che non succeda mai più»*, cit.

disastrosa in cui la Chiesa si trova col pontificato di Bergoglio (il quale però non è stato eletto da Benedetto XVI, ma proprio dai cardinali).

Inoltre, Brandmüller ha pure contestato la qualifica di «papa emerito» che – sostiene – «è estranea a tutta la tradizione canonistica-teologica».

La critica all'amico è stata molto forte. Così Benedetto XVI gli ha risposto con due lettere private il 9 novembre e il 23 novembre 2017. Sono lettere dove traspare la sua amarezza, ma miti e gentili nel tono.[102]

È ovvio che il papa emerito sa che ogni sua lettera scritta può diventare pubblica e spesso lo diventa. Quindi è sorvegliatissimo nell'esprimersi come se parlasse davanti a un uditorio.

Se qualcosa di significativo vuol trasmettere lo fa – per così dire – in codice, con espressioni che hanno diverse chiavi di lettura. Infatti, in queste due lettere, puntualmente diventate pubbliche – come dicevo – Benedetto ricorre all'argomento paradossale, analogo a quello dell'unico vestito in guardaroba: precisamente dove dice che il suo problema era quello di restare «inaccessibile ai media», cosa che – a suo dire – non sarebbe stata possibile tornando cardinale.

Ratzinger sa benissimo che questo argomento è

---

[102] È possibile trovarle in rete tradotte in varie lingue. Al sito https://bit.ly/2QIYpgY si trova la traduzione italiana; al sito https://bit.ly/2C8JdW6 si trova la traduzione inglese.

del tutto inconsistente (come quello del guardaroba) perché ci sono porporati di Curia – come il cardinale Andrzej Maria Deskur – che hanno vissuto gli ultimi anni dentro le mura vaticane del tutto inaccessibili.

Lui poteva benissimo risiedere dove ora risiede senza essere papa emerito. Fra le due cose (l'essere inaccessibili ai media e il titolo di papa emerito) non c'è alcun rapporto. Infine, va pure detto che, da papa emerito, ha fatto un libro-intervista, ha concesso interviste, firmato prefazioni e messaggi, ha ricevuto e riceve molte persone. Quindi è difficile pensare che il problema fosse quello dell'inaccessibilità.

In quelle due lettere, poi, Benedetto prospetta argomenti che hanno una doppia interpretazione: una per i media e per la Curia (e allora sembrano espressioni innocue, anche se contraddittorie o incomprensibili); e una per chi può capire il messaggio.

Per esempio, dove il papa emerito, a proposito dei papi che in passato rinunciarono, si chiede: «Cosa sono stati dopo? Papa emerito? O cosa invece?».

Dal punto di vista storico è una domanda che dovrebbe avere già una risposta chiara: ci fu chi tornò monaco come Celestino V e chi tornò cardinale come Gregorio XII. Ratzinger lo sa benissimo e sa che mai nella storia della Chiesa passata – fino a Giovanni Paolo II – si è parlato di «papa emerito». Ma allora perché pone quelle domande?

135

Per capirlo occorre leggere più avanti: «Non sappiamo se questo semplice ritorno al Cardinalato sarebbe stato effettivamente possibile. Nel mio caso sicuramente non avrebbe avuto senso affermare semplicemente un ritorno al Cardinalato».

Non sarà che Benedetto – attraverso queste strane considerazioni, che sembrano un po' assurde (dal punto di vista storico) – vuol ripeterci in realtà quello che disse nel suo ultimo discorso pubblico, ovvero che il *munus* petrino rimane «per sempre»?

In effetti con questa interpretazione (che solo pochi possono cogliere) quelle domande acquistano un significato, diventano pertinenti e ragionevoli.

In un altro passo, Benedetto XVI si preoccupa perché – se fosse tornato cardinale – «in quel Cardinale si sarebbe visto l'ex papa» creando confusione.

Ma non sarebbe stato forse un ex papa? Qual era il problema in questo caso? Non voleva essere scambiato per uno che è ancora papa oppure non voleva essere considerato «ex» papa?

In concreto se uno vuole evitare malintesi e vuol far capire che non è più papa, che non c'entra più nulla col papato, cosa deve fare: diventare cardinale e vestirsi da cardinale oppure definirsi papa, col nome da papa e con la veste da papa?

Parrebbe ovvio optare per la prima strada. Invece la scelta che Joseph Ratzinger ha fatto è la seconda e questo fornisce la vera chiave per capire quelle strane considerazioni e ciò che veramente pensa.

Infine, nelle due lettere ci sono alcune cose chiarissime e molto importanti. Anzitutto emerge, in entrambe, il suo giudizio allarmato sulla situazione attuale della Chiesa (sotto Bergoglio)[103] tanto che «Bild» ha titolato proprio su questo: «Papa Benedetto XVI molto preoccupato per la sua Chiesa».

Peraltro, Benedetto sapeva bene di scrivere a uno dei cardinali che più si sono esposti criticamente nei confronti di Bergoglio (è uno degli autori dei *Dubia*, un documento di critica e richiesta di chiarimento rivolto a papa Francesco su *Amoris Laetitia* e in particolare sulla comunione ai divorziati). Da quanto si legge nelle due lettere non c'è alcuna traccia di rimprovero per questo, né alcuna presa di distanza. C'è invece un giudizio preoccupato sul momento presente della Chiesa in generale che coincide con quello del cardinale.

Ma il «segnale» più significativo si trova in fondo alla seconda lettera perché – dopo aver risposto all'amico porporato – saluta scrivendo: «Con la mia benedizione apostolica».

Chi può dare la benedizione apostolica? Solo il papa. Certo, può darla pure – per delega generale

---

[103] Nella prima lettera paventa «conseguenze difficili, soprattutto nel contesto della situazione attuale». Nella seconda afferma che «il dolore in alcuni» per le sue dimissioni «si è trasformato in rabbia, che non riguarda più solo le dimissioni, ma si espande sempre più alla mia persona e a tutto il mio pontificato. In questo modo un pontificato viene svalutato e fuso nella tristezza per la situazione attuale della Chiesa».

che fu stabilita da Benedetto XIV – il vescovo titolare di una diocesi, ma non il vescovo emerito, a meno che non sia stato delegato. In ogni caso il vescovo titolare (che può anche suddelegare ai sacerdoti) può impartirla solo in certe festività solenni, seguendo un certo rituale e al massimo tre volte l'anno. E sempre «a nome del Romano Pontefice».[104] Così pure quando viene data per certi riti e celebrazioni di sacramenti.

Allora, che pensare di quell'espressione contenuta nella lettera di Benedetto XVI? Impartire la benedizione apostolica così – come ha fatto Benedetto – significa semplicemente essere il papa, perché quella è una prerogativa del papa (non papa emerito, ma papa).

Egualmente – per fare un paragone – nell'ordinamento italiano il presidente della Repubblica può concedere la grazia. Ma non può farlo il presidente emerito della Repubblica. Occorre avere lo *ius*. Si può avere lo *ius* e non esercitarlo (e questo è probabilmente il caso di Benedetto XVI), ma non lo si perde se – semplicemente – si rinuncia a esercitarlo attivamente. Un cittadino italiano che ha diritto di voto può rinunciare a partecipare alle elezioni, ma non per questo perde lo *ius*, non diventa un ex elettore, ma solo un elettore che non esercita un suo potere.

---

[104] Si vedano i dettagli al sito https://bit.ly/2yyU7Bj.

Forse allora il vero messaggio della lettera di Benedetto XVI è proprio quello racchiuso in quella benedizione apostolica... C'è molto da riflettere.

È assai significativa anche un'altra espressione che compare nel congedo: «Preghiamo invece, come lei ha fatto alla fine della sua lettera, perché il Signore venga in aiuto della sua Chiesa».

Parole che di nuovo confermano il giudizio drammatico che Benedetto XVI ha sul momento presente della Chiesa, ma anche parole che fanno intuire qual è la missione di intercessione in cui egli è oggi impegnato.

A margine di queste considerazioni va detto che «Bild» nelle due lettere ha sottolineato anche altri aspetti. Per esempio, il richiamo storico al caso di Pio XII che nel 1944 – sapendo di essere a rischio deportazione da parte dei tedeschi che occupavano Roma – scrisse una lettera di dimissioni da far valere nel caso si fosse verificata quella terribile circostanza.

I giornali si sono chiesti il perché di questo richiamo a un papa minacciato dai nazisti: da chi Benedetto si sentiva minacciato?

Addirittura l'«Huffington Post» ha titolato: *Io come Pio XII perseguitato dai nazisti*.[105] Ma davvero

---

[105] Maria Antonietta Calabrò, *Io come Pio XII perseguitato dai nazisti*, «Huffington Post», 20 settembre 2018, https://bit.ly/2ISrxPZ.

papa Benedetto intendeva mandare questo messaggio o si tratta di un'interpretazione forzata?

Difficile rispondere. Propendo per la seconda ipotesi. Naturalmente, dopo quel richiamo al caso di Pio XII si è ricordata la frase di inizio del suo pontificato («Pregate per me perché non fugga per paura davanti ai lupi») e si è rilanciato «un episodio riferito dallo "Spiegel" nel maggio 2015, secondo cui Benedetto era preoccupato di essere stato avvelenato tanto che, nell'ottobre 2012, pochi mesi prima della rinuncia, il presidente dell'ufficio statale bavarese di indagini criminali si sarebbe recato a Roma per esaminare le lacune della sicurezza nella preparazione del cibo per il Papa».[106]

A suo tempo la notizia aveva indotto alcuni a rileggere in questa chiave un passo del suo ultimo discorso pubblico in cui citava san Benedetto: «Non porto più la potestà dell'officio per il governo della Chiesa, ma nel servizio della preghiera resto, per così dire, nel recinto di san Pietro. San Benedetto, il cui nome porto da Papa, mi sarà di grande esempio in questo. Egli ci ha mostrato la via per una vita, che, attiva o passiva, appartiene totalmente all'opera di Dio».

È noto, infatti, che il santo monaco era stato chiamato a fare da guida a delle comunità come abate,

[106] *Ibidem.*

ma più volte tentarono di avvelenarlo, cosicché egli se ne andò tornando a fare l'eremita.

Davvero quei richiami storici (a Pio XII e a san Benedetto) possono essere interpretati in riferimento alla situazione di Benedetto XVI? Forse è eccessivo. Probabilmente l'indicibile segreto che sta dietro la scelta del papato emerito è del tutto diverso: è squisitamente spirituale.

E in questi tempi così lontani dalla dimensione spirituale non viene capito. Non viene capito l'uomo di Dio – specie se è suo vicario – quando pensa e vive «secondo Dio» e non secondo gli uomini.

Il (vero) potere del papa (emerito)

> *Nessuno è più ricco, nessuno più potente, nessuno più libero di chi sa abbandonare se stesso e ogni cosa e porsi all'ultimo posto.*
> Imitazione di Cristo (II, 11, 4)

> *Ecco perché i politici sbagliano ad un certo momento [...] perché i politici puri non sanno la ragione teologica che domina la storia.*
> Cardinale Giuseppe Siri

Incompreso e denigrato anche in questa scelta, Benedetto XVI in realtà ha fatto capire il perché della sua decisione con parole molto esplicite, che però, purtroppo, non vengono colte, perché sono dette da lui con semplicità, perché rimandano all'essenza spirituale del papato e vengono intese come frasi di circostanza. Mentre invece sono parole densissime di significato.

Eccole qua. Nella *Declaratio* dice succintamente: «Per quanto mi riguarda, anche in futuro, vorrò servire di tutto cuore, con una vita dedicata alla preghiera, la Santa Chiesa di Dio».

Solo se consideriamo la preghiera come la più potente e la più efficace delle azioni che l'uomo può intraprendere possiamo capire il senso straordinario di queste parole.

Se invece la riteniamo semplicemente un atto di devozione, innocuo se non inutile, un'occupazione da vecchi o da malati, un atto di disperazione per chi è impotente davanti alla durezza della vita, un messaggio in bottiglia abbandonato alle onde e destinato a non essere letto da nessuno, allora vedremo la rinuncia di Benedetto XVI secondo il mondo, cioè come il mettersi a riposo del pensionato.

Qua, invece, siamo davanti a una vera e propria chiamata da parte di Dio. La chiamata a una missione. È quanto Benedetto XVI spiega apertamente nel suo ultimo *Angelus*, il 24 febbraio 2013.

La lettura del Vangelo proponeva l'episodio della Trasfigurazione di Gesù sul Monte Tabor. Il papa riflette con profondità su quel misterioso evento e spiega:

> Meditando questo brano del Vangelo, possiamo trarne un insegnamento molto importante. Innanzitutto, il primato della preghiera, senza la quale tutto l'impegno dell'apostolato e della carità si riduce ad attivismo.

Poi entra direttamente nella questione personale:

> Cari fratelli e sorelle, questa Parola di Dio la sento in modo particolare rivolta a me, in questo momento della mia vita. Il Signore mi chiama a «salire sul monte», a dedicarmi ancora di più alla preghiera e alla meditazione. Ma questo non significa abbandonare la Chiesa, anzi, se Dio mi chiede questo è proprio per-

ché io possa continuare a servirla con la stessa dedizione e lo stesso amore con cui ho cercato di farlo fino ad ora, ma in un modo più adatto alla mia età e alle mie forze.[107]

Sono parole molto significative: «Il Signore mi chiama a "salire sul monte"», non per «abbandonare la Chiesa, anzi, se Dio mi chiede questo» è per servirla in un altro modo.

Non so se chi ha ascoltato o letto questo discorso si è reso conto del peso di queste parole, ma possiamo star certi che chi le ha pronunciate ne era ben consapevole.

Se la scelta del «papato emerito» fosse stato un suo progetto, una sua idea, papa Benedetto l'avrebbe attribuita a Dio, avrebbe detto «mi chiama a salire sul monte» e «mi chiede»? Ritengo assolutamente di no. È importantissimo tenerlo presente.

Nella sua ultima udienza, poi, il 27 febbraio 2013, tornò di nuovo a spiegare:

In questi ultimi mesi, ho sentito che le mie forze erano diminuite, e ho chiesto a Dio con insistenza, nella preghiera, di illuminarmi con la sua luce per farmi prendere la decisione più giusta non per il mio bene, ma per il bene della Chiesa. [...] Non abbandono la croce, ma resto in modo nuovo presso il Signore Crocifisso. Non porto più la potestà dell'officio per il go-

---

[107] Si veda il testo integrale al sito https://bit.ly/2IPZvER.

verno della Chiesa, ma nel servizio della preghiera resto, per così dire, nel recinto di san Pietro.

Dunque, Benedetto XVI ci dice che la luce gli è arrivata da Dio nella preghiera e la decisione è quella di «restare», ma «in modo nuovo presso il Signore Crocifisso».

Nello spogliarsi della divinità, fino all'annientamento supremo, la croce, si manifesta la suprema regalità di Cristo. Proprio all'imitazione di Cristo si è sentito chiamato il suo vicario in terra: «Abbiate in voi gli stessi sentimenti di Cristo Gesù: egli pur essendo di natura divina, non considerò un tesoro geloso la sua uguaglianza con Dio; ma spogliò se stesso, assumendo la condizione di servo e divenendo simile agli uomini; apparso in forma umana, umiliò se stesso facendosi obbediente fino alla morte e alla morte di croce» (*Fil* 2,5-8).

L'obbedienza del Figlio nell'annientare se stesso (*kénosis*) coincide con l'atto salvifico supremo del Redentore. L'obbedienza nell'annientarsi – offrendo se stesso – è quello a cui il papa è stato chiamato per una missione che è nel mistero di Dio.

A ben vedere fin dall'omelia di inizio pontificato Benedetto XVI aveva affermato che il suo programma era proprio quello di non fare la propria volontà, ma di obbedire sempre e solo alla volontà di Dio:

Cari amici! In questo momento non ho bisogno di presentare un programma di governo. […] Il mio vero programma di governo è quello di non fare la mia volontà, di non perseguire mie idee, ma di mettermi in ascolto, con tutta quanta la Chiesa, della parola e della volontà del Signore e lasciarmi guidare da Lui, cosicché sia Egli stesso a guidare la Chiesa in questa ora della nostra storia.[108]

Dunque – dando ascolto e credito al pontefice come merita – dovremmo considerare la scelta del papato emerito non come frutto di un progetto di Benedetto XVI, ma come un suo gesto di obbedienza che – immaginiamo – deve anche essergli costato moltissimo.

In effetti, quest'uomo così sapiente, uno dei maggiori ingegni del nostro tempo, vive il suo rapporto con Dio (anche da papa, soprattutto da papa) con il fiducioso abbandono del bambino:

Vorrei invitare tutti a rinnovare la ferma fiducia nel Signore, ad affidarci come bambini nelle braccia di Dio, certi che quelle braccia ci sostengono sempre e sono ciò che ci permette di camminare ogni giorno, anche nella fatica.

Così diceva sempre nel suo ultimo discorso del 27 febbraio 2013. Forse dovremmo ricomprendere meglio, alla luce di tutto questo, anche una strana

[108] Si veda il testo integrale al sito https://bit.ly/2OlbT5F.

espressione di monsignor Gänswein nella famosa conferenza della Gregoriana, laddove disse: «Molti continuano a percepire ancor oggi questa situazione nuova come una sorta di stato d'eccezione voluto dal Cielo».

Chi sono quei «molti»? Non sarà un modo impersonale e indiretto per far capire che questo «stato d'eccezione» o meglio il «pontificato d'eccezione» che sta vivendo il papa emerito è – appunto – «voluto dal Cielo»? E che Benedetto XVI si è affidato al disegno di Dio accettando un compito eccezionale?

Come questo si sia manifestato e che cosa significhi precisamente non possiamo dirlo. Nell'estate del 2013 un'agenzia cattolica di solito ben introdotta negli ambienti vaticani riferì – forse un po' maldestramente – che durante uno dei suoi colloqui privati il papa emerito si sarebbe fatto scappare alcune parole clamorose sulla sua scelta: «Me lo ha detto Dio».

Seguì una smentita e nulla poi fu chiarito. Poco probabili appaiono quelle parole testuali sulle labbra di un uomo sempre prudentissimo, che non si fa sfuggire una sillaba senza attenta ponderazione.

Potrebbe aver parlato di qualcosa come «un'ispirazione ricevuta da Dio», ma in fin dei conti è molto vicino a quanto aveva detto pubblicamente.

Secondo l'agenzia, Benedetto XVI avrebbe subito precisato che «non si è trattato di alcun tipo di apparizione o fenomeno del genere; piuttosto è stata "un'esperienza mistica" in cui il Signore ha fatto nascere nel suo cuore un "desiderio assoluto" di restare solo a solo con Lui, raccolto nella preghiera». Cosicché il suo non è stato un fuggire dal mondo, ma «un rifugiarsi in Dio».[109]

In fin dei conti Benedetto XVI aveva già espresso tutto apertamente e pubblicamente nel suo ultimo *Angelus*, dove spiegò che «il Signore mi chiama a "salire sul monte"», non per «abbandonare la Chiesa, anzi, se Dio mi chiede questo» è per «servirla» in modo nuovo.

Solo che – curiosamente – Benedetto XVI non è mai stato ascoltato veramente. Nei suoi interventi ufficiali e pubblici doveva essere preso alla lettera: il Signore lo ha «chiamato» sul monte come Mosè: «Mi chiede questo».

Adesso è chiaro e – in fin dei conti – rileggendo la vicenda da questo punto di prospettiva d'improvviso tutto diventa comprensibile. Anche il sottrarsi di Benedetto XVI alle spiegazioni di tipo giuridico-canonistico.

È obiettivamente uno «stato d'eccezione», anzi, nell'espressione di monsignor Gänswein, un «pontificato d'eccezione», che presuppone una situazio-

[109] *Ratzinger: «La rinuncia? Me l'ha detto Dio». La ricostruzione di un sito cattolico*, Repubblica.it, 20 agosto 2013, https://bit.ly/2Cb4C0W.

ne assolutamente eccezionale nella storia della Chiesa e del mondo.

Questo suggerisce una riflessione sul papato e le sue prerogative perché, pur senza più alcun potere di governo, ma radicato nella preghiera, nell'essenza spirituale del papato, Benedetto XVI ha rappresentato, in questi anni, il vero, grande ostacolo silenzioso alla «rivoluzione» che si intendeva (e ancora si intenderebbe) realizzare nella Chiesa.

In questo compito egli sicuramente avverte la particolare vicinanza e l'ispirazione del suo santo predecessore e amico. Del resto, nel primo messaggio del suo pontificato, il 20 aprile 2005, parlando di Giovanni Paolo II, aveva detto: «Mi sembra di sentire la sua mano forte che stringe la mia; mi sembra di vedere i suoi occhi sorridenti e di ascoltare le sue parole [...]: "Non avere paura!"».

***

Il primo e più grande aiuto che Benedetto dà alla cristianità smarrita dell'epoca bergogliana è anzitutto costituito dai testi del suo magistero (e anche dai suoi libri), che sono una ricchezza inestimabile e che si inseriscono nella tradizione ininterrotta del magistero cattolico.

Basterebbe attingere lì per avere la luce necessaria a camminare nel buio dell'ora presente. E infatti così hanno ritenuto di fare coloro (a comin-

ciare dai cardinali dei *Dubia*) che – durante i due
Sinodi sulla famiglia e dopo l'*Amoris Laetitia* – si
sono opposti allo smantellamento della dottrina
cattolica.

Il secondo aiuto è rappresentato dalla sua preghiera, dalla sua potente intercessione di papa che
innalza una diga soprannaturale a difesa della Chiesa e della fede dei semplici.

Ma c'è anche molto che resta nella penombra e
nella discrezione del consiglio spirituale. Forse un
giorno sapremo qualcosa di più sulla straordinaria
azione di contenimento che Benedetto XVI – grazie
all'autorevolezza che tutti gli riconoscono – ha svol-
to nei confronti delle spinte «rivoluzionarie», per
scongiurare il rischio tragico dell'apostasia della
Chiesa e dello scisma.

Viene da pensare al suo rapporto con papa Bergoglio rammentando la leggenda del Grande Inquisitore di Dostoevskij.

Il silenzio e lo sguardo dolce e inerme di Cristo
«disarma» – con la sua stessa presenza, «con un sor-
riso d'infinita pietà» – il minaccioso potere del cardinale di Siviglia, uno dei «gesuiti» che non credeva
nella forza liberante della grazia di Dio, ma nella
propria e diceva degli uomini schiavizzati dal potere
clericale: «Oh, noi permetteremo loro anche il peccato: sono così fragili e impotenti e loro ci vorranno
bene come bambini, per il fatto che noi permetteremo loro di peccare. Noi diremo loro che ogni pec-

cato sarà rimesso, se compiuto col permesso nostro».[110]

Inquieto, il Grande Inquisitore scruta il volto di Gesù e gli sibila: «Tu mi guardi con dolcezza e non mi degni neppure del Tuo risentimento?».[111] Ma Gesù era venuto per salvare anche lui, perché amava anche lui, e gli rispose con un bacio.[112]

Si dice che sia la stessa presenza silenziosa di Benedetto XVI ad aver scongiurato finora i più gravi strappi dottrinali, perché – finché è in vita – potrebbero essere da lui delegittimati con una sola parola agli occhi del popolo cristiano.

Naturalmente è una possibilità estrema a cui il papa emerito presumibilmente ricorrerebbe solo per uno strappo dottrinale gravissimo e irreparabile (per esempio sull'Eucarestia) che sancirebbe di fatto uno scisma, quindi oggi è la semplice possibilità, è la semplice «presenza» di Benedetto XVI che ferma i rivoluzionari. Chi avrebbe mai pensato che il silenzio eremitico di un vecchio papa avesse un tale potere di interdizione?

Tuttavia – nonostante si sia imposto il silenzio e

[110] Fëdor Dostoevskij, *I fratelli Karamazov*, Einaudi, Torino 1993, p. 345.
[111] Ivi, p. 335.
[112] Monsignor Gänswein nella conferenza alla Gregoriana disse: «Benedetto XVI dal momento della sua rinuncia si concepisce come un vecchio monaco che, dopo il 28 febbraio 2013, sente come suo dovere dedicarsi soprattutto alla preghiera per la Madre Chiesa, per il Suo successore Francesco e per il Ministero petrino istituito da Cristo stesso».

non contraddica pubblicamente Bergoglio – ha voluto far arrivare a chi ha il potere in Vaticano dei segnali chiari a difesa dell'essenziale, di ciò che è d'istituzione divina e che non è a disposizione di nessuno, nemmeno dei papi: in particolare l'eucaristia e la Santa Messa.

Perché nei progetti di certi circoli riformatori si vagheggia l'intercomunione con i protestanti e forse persino una riforma liturgica che muterebbe in senso ecumenico la messa cattolica.

In maniera discreta Benedetto XVI fece sentire la sua voce nel maggio 2017 firmando la prefazione al libro del cardinale Robert Sarah, *La forza del silenzio*.

Il prelato africano, particolarmente legato a Benedetto XVI e a Giovanni Paolo II, come prefetto della Congregazione per il culto divino rappresenta il principale ostacolo per quanti vogliono rivoluzionare la liturgia cattolica.

Così Benedetto XVI scrisse nella prefazione al suo libro:

> Dobbiamo essere grati a papa Francesco di avere posto un tale maestro dello spirito alla testa della Congregazione che è responsabile della celebrazione della liturgia nella Chiesa…. Con il cardinale Sarah, un maestro del silenzio e della preghiera interiore, la Liturgia è in buone mani.

In realtà – ha scritto Sandro Magister – «non è un mistero […] che Jorge Mario Bergoglio abbia confinato il cardinale Sarah in tale carica per neutralizzarlo, non certo per promuoverlo. Di fatto l'ha privato di ogni autorità effettiva, l'ha circondato di uomini che gli remano contro e addirittura ha sconfessato in pubblico i suoi propositi [...] in campo liturgico».[113]

Tuttavia, un tale sostegno di Benedetto XVI al cardinale Sarah lo ha reso praticamente intoccabile e, con lui in quella posizione, ha reso molto più difficile i progetti dei riformatori che infatti hanno reagito molto stizziti.[114]

---

[113] Sandro Magister, *Il cardinale Sarah ha dalla sua parte il papa. Ma si chiama Benedetto*, «L'Espresso», 19 maggio 2017, https://bit.ly/2ITsY0o.

[114] Il teologo «progressista» Andrea Grillo, per esempio, già prima di questa prefazione aveva tuonato nei confronti del papa emerito: «Una dimissione dal ministero petrino, diversa dalla morte, deve avere caratteri di "morte" molto più accentuati. Il silenzio nella preghiera deve essere totale e deve coinvolgere anche i collaboratori. I segni esteriori, come la veste bianca, devono tramontare. La lontananza dalla autorità deve essere piena e radicale, non solo sul piano formale, ma direi anche su quello "geografico"» (Andrea Grillo, *Papa Benedetto: luci e ombre di una successione senza morte*, Adista.it, 29 aprile 2017, https://bit.ly/2RJBSld).
Dopo l'uscita della prefazione di Benedetto XVI al libro di Sarah, Grillo ha rincarato la dose definendola «un vero e proprio incidente. Come se Ratzinger avesse, improvvisamente, rinunciato alla rinuncia e volesse influenzare le decisioni del suo successore». Grillo decreta la «inadeguatezza e incompetenza» del cardinale Sarah sulla liturgia, afferma che «la scelta di Sarah è stata fatta, da papa Francesco, ascoltando il parere del suo predecessore. Cosicché suona piuttosto strana la lode che il predecessore fa del successore» per questa decisione; poi imputa a Benedetto XVI di scrivere che, con Sarah, «la liturgia è in buone mani» e afferma che «la mossa appare tanto più grave se, nel frattempo, si sta preparando un inevitabile e salutare avvicendamento all'incarico di Prefetto» (Andrea Grillo, *Una*

***

Va detto che da nessuna parte sta scritto che un papa emerito debba eclissarsi e starsene zitto. Fu Benedetto XVI a scegliere, di sua spontanea volontà, il silenzioso eremitaggio. Forse anche per evitare di essere «tirato per la tonaca» e strumentalizzato.

Poi papa Bergoglio, nell'intervista al «Corriere della Sera» del 5 marzo 2014, affermò che «Benedetto XVI non è una statua in un museo», e aggiunse: «Lui è discreto, umile, abbiamo deciso insieme che sarebbe stato meglio che vedesse gente, uscisse e partecipasse alla vita della Chiesa, la sua saggezza è un dono di Dio».

Può essere che la pensi così, ma può essere pure che il papa argentino sperasse di trovare in lui una legittimazione e un'autorevole copertura per le sue riforme rivoluzionarie. Speranza però destinata a restare delusa.

Peraltro, capita che in Vaticano si chiedano a Benedetto XVI *endorsement* per papa Bergoglio e queste richieste, rimandate al mittente, finiscano in gaffe e scivoloni mediatici.

Come quando – nel marzo 2018 – l'allora capo della comunicazione vaticana Dario Edoardo Viganò (da non confondere con l'arcivescovo Carlo

postfazione senza discrezione. Ratzinger si ostina a raccomandare Sarah, «Munera», 19 maggio 2017, https://bit.ly/2Op8FhK). In sostanza Benedetto XVI li ha fermati e sono molto irritati.

Maria Viganò) chiese a Joseph Ratzinger di scrivere una presentazione degli undici volumetti firmati da vari teologi per celebrare il pensiero di Bergoglio.

Il papa emerito rispose di no e aggiunse che non aveva letto quegli opuscoli, né aveva intenzione di leggerli, anche perché era stato chiamato a scriverli addirittura chi si era opposto frontalmente all'insegnamento degli ultimi pontefici.

Nel pastrocchio comunicativo che poi ne derivò i media accreditarono però l'idea che Benedetto XVI fosse diventato un apologeta del pensiero di Bergoglio e quando, poi, qualcuno rese noti certi passi della lettera di Ratzinger fu evidente che le cose stavano assai diversamente.

In conclusione – scrive Sandro Magister – «il 17 marzo Viganò è costretto a pubblicare il testo completo della lettera e poi a dimettersi da prefetto della segreteria per le comunicazioni. O meglio, a recitare tale parte, perché il papa non lo congeda affatto, anzi, lo copre di elogi e gli rinnova il mandato di portare a compimento la sua missione».[115]

Nessuno si scusò con Benedetto XVI. Del resto si dice pure che in Vaticano – soprattutto in certi momenti critici – si facciano forti pressioni per ottenere da lui esternazioni a favore di Bergoglio, specie quando più suscita sconcerto tra i fedeli.

[115] Qui la storia riassunta da Sandro Magister: *Due papi, due Chiese. Le «fake news» di Francesco e il gran rifiuto di Benedetto*, «L'Espresso», 1 aprile 2018, https://bit.ly/2EdC61e.

Non ottenendo «appoggi» alla «rivoluzione» – per la resistenza mite, ma costante del papa emerito che non si fa strumentalizzare – a volte si è utilizzata a sostegno di Bergoglio qualche espressione di cortesia del papa emerito, qualche sua frase di circostanza o qualche sua pagina del passato interpretata, maldestramente, a uso e consumo dell'attuale potere clericale.

Quello che però colpisce è il continuo bisogno degli apologeti di papa Bergoglio di cercare, per i suoi atti, la legittimazione di Benedetto XVI.

Proprio questo bramare la sua copertura dimostra da una parte l'autorevolezza oggettiva di Benedetto nella Chiesa universale (sebbene emerito ed eremita silente), dall'altra la debolezza di Bergoglio e la sua mancanza di autorevolezza.

Per tutti questi motivi, complessi e delicati, Benedetto – che a volte deve opporre una resistenza eroica alle «richieste» – deve difendersi col silenzio e quando (in rare occasioni) interviene – sempre per ribadire e difendere la verità cattolica – deve farlo con molta discrezione e mille accortezze.

Cionondimeno, la sua voce continua a dar fastidio e proprio quel cattoprogressismo che ama sbandierare i vessilli della tolleranza, del dialogo con i lontani, si dimostra puntualmente intollerante verso chi – semplicemente – si esprime come il papa emerito.

Qualcuno è rimasto infastidito e ha avuto da

eccepire perfino sull'affettuoso ricordo dell'amico cardinale Joachim Meisner che Benedetto XVI ha scritto alla notizia della sua morte, nel luglio 2017.

Già il semplice fatto che il papa emerito fosse così amico di uno dei quattro cardinali dei *Dubia*, suo connazionale, ha destato sospetto e irritazione (ma la loro era un'amicizia che durava da decenni).

Benedetto ha osservato che «per lui [Meisner, *NdA*], pastore appassionato e padre spirituale, fu difficile lasciare l'ufficio [episcopale, *NdA*] e questo proprio in un momento in cui la Chiesa ha bisogno di pastori convincenti e che sappiano resistere alla dittatura dello spirito del tempo e sappiano vivere decisamente con fede e ragione. Ma anche questo mi commuove, l'aver imparato a lasciarsi andare nell'ultimo periodo della sua vita, e aver saputo viverla con la certezza profonda che il Signore non abbandona la sua Chiesa, anche se a volte la barca sta per capovolgersi».

Quindi Benedetto XVI ha ricordato dell'amico il suo amore per l'adorazione eucaristica:

Alcuni esperti di pastorale e di liturgia credevano che il silenzio non poteva essere raggiunto agli occhi del Signore con un gran numero di persone. Alcuni di loro erano anche del parere che l'adorazione eucaristica fosse datata in quanto tale, perché il Signore dovrebbe essere ricevuto nel Pane eucaristico e non altrimenti. Ma non si può mangiare questo pane come qualsiasi altro cibo, il Signore nel sacramento eucaristico chiama «ricevere» tutte le dimensioni della nostra esistenza. Il fatto che la ricezione debba essere adorata è diventato molto chiaro. Ad esempio, l'adorazione eucaristica nella Giornata Mondiale della Gioventù di Colonia è diventata un evento interiore che non era memorabile solo per il cardinale. Da allora, questo momento è sempre stato invariabilmente presente ed è stata una grande luce per lui.[116]

Certi ultraprogressisti hanno visto delle critiche a Bergoglio nell'immagine della barca che sta per capovolgersi e nell'elogio dell'adorazione eucaristica (che il papa argentino, com'è noto, non predilige). Così ci sono state reazioni e commenti sferzanti.[117]

Ma in questo messaggio Benedetto ha semplice-

---

[116] *Il messaggio di Benedetto XVI ai funerali del card. Meisner,* Fondazione Vaticana Joseph Ratzinger-Benedetto XVI, 11 luglio 2017 https://bit.ly/2PtL9wp.

[117] Due campioni del cattoprogressismo, Massimo Faggioli e Alberto Melloni, hanno commentato su Twitter. Il primo ha scritto sarcasticamente: «Sarebbe bello sapere chi ha scritto il messaggio di Joseph Ratzinger al funerale del cardinale Meisner», https://bit.ly/2IRdomi.

Il secondo ha commentato altrettanto ironicamente: «Esiste un proto-Ratzinger, un deutero-Ratzinger e ora anche uno pseudo-Ratzinger che allude negativamente al papa regnante», https://bit.ly/2NCjwzB.

Ma chiunque abbia un minimo di conoscenza del pensiero e del linguaggio di Joseph Ratzinger riconosce in quel messaggio il suo stile, i suoi ricordi e le sue convinzioni. Infatti, il segretario, monsignor Gänswein, ha replicato: «Il Papa emerito ha scritto il messaggio da solo, dalla prima all'ultima lettera di suo pugno, senza che nessuno lo abbia aiutato. Lo vogliono strumentalizzare. Ma tutto ciò non servirà a nulla» («Il Giornale», 18 luglio 2017).

mente ripetuto cose che dice da sempre. Ogni suo intervento di oggi è coerente con ciò che ha sempre insegnato e con il magistero costante della Chiesa. Come potrebbe essere diversamente?

È un «dono di Dio» per lo stesso Bergoglio che avrebbe tanto da guadagnare spiritualmente ad ascoltarlo. Purtroppo, però, dopo aver coniato questa bella formula, non sembra che il papa argentino sia conseguente.

Nei giorni delle polemiche relative alla prefazione di Ratzinger al libro del cardinale Sarah, per esempio, Bergoglio pronunciò un'omelia che sembrò una critica al papa emerito. E proprio per la sua rinuncia «a metà».

Era il 30 maggio 2017. La lettura da commentare era tratta dagli Atti degli apostoli (20,17-27) e – disse Bergoglio – «si può intitolare *Il congedo di un vescovo*», perché racconta come «Paolo si congeda dalla Chiesa di Efeso che lui aveva fondato».

Fece notare che «tutti i pastori dobbiamo congedarci. Arriva un momento dove il Signore ci dice: "Vai da un'altra parte, vai di là, va di qua, vieni da me". E uno dei passi che deve fare un pastore è anche prepararsi per congedarsi bene, non congedarsi a metà».

Anche perché «il pastore che non impara a congedarsi è perché ha qualche legame non buono col gregge, un legame che non è purificato per la croce di Gesù». Paolo «non si è appropriato del gregge. [...] E poi la libertà senza compromessi, in cammino, e "io non sono il centro della storia": così si congeda un pastore».[118]

Che cosa significa quella critica di Bergoglio al pastore che si congeda «a metà»? A chi si riferisce? A Benedetto XVI che ha lasciato ogni potere di governo restando però papa? O allude alle modalità della sua rinuncia a cui altre volte ha alluso? Non è dato saperlo.

Di sicuro però oggi i pastori possono ispirarsi – oltreché a san Paolo – a uomini del nostro tempo come Benedetto XVI e Giovanni Paolo II. Loro sì che hanno seguito l'insegnamento paolino.

Uomini di Dio che non hanno mai fatto parte di cordate per puntare a posti di potere e che hanno servito Dio, soffrendo, senza «appropriarsi del gregge» con progetti propri o per affermare idee contrarie alla volontà dell'unico proprietario del gregge.

Loro due non si sono mai sentiti «il centro della storia» come chi, venendo dai disastri argentini, ha l'ambizione di cambiare in modo «irreversibile» la bimillenaria Chiesa di Cristo.

Proprio perché loro sapevano che la Chiesa è di Gesù e hanno proclamato che lui «è il centro del cosmo e della storia». Solo lui.

Peraltro, l'episodio di san Paolo da cui Bergoglio ha tratto spunto – a leggerlo bene – ci dice qualcosa di molto diverso.

Infatti, l'Apostolo chiama a sé gli anziani della

---

[118] Si veda il testo integrale al sito https://bit.ly/2pQALnc.

Chiesa di Efeso e li saluta. San Paolo ricorda loro come si è comportato fin dal primo giorno del suo arrivo e usa parole che si potrebbero ripetere per il pontificato di Benedetto XVI: «Ho servito il Signore con tutta umiltà, tra le lacrime e tra le prove», cioè tra molte ostilità, e «non mi sono mai sottratto a ciò che poteva essere utile, al fine di predicare a voi e di istruirvi, scongiurando Giudei e Greci di convertirsi a Dio e di credere nel Signore nostro Gesù Cristo». Paolo dice poi di sapere che «mi attendono catene e tribolazione».

Infine, l'Apostolo commosso dice loro:

Dichiaro solennemente oggi davanti a voi che io sono senza colpa riguardo a coloro che si perdessero, perché non mi sono sottratto al compito di annunziarvi tutta la volontà di Dio. Vegliate su voi stessi e su tutto il gregge, in mezzo al quale lo Spirito Santo vi ha posti come vescovi a pascere la Chiesa di Dio, che egli si è acquistata con il suo sangue. Io so che dopo la mia partenza entreranno fra voi lupi rapaci, che non risparmieranno il gregge; perfino di mezzo a voi sorgeranno alcuni a insegnare dottrine perverse per attirare discepoli dietro di sé. Per questo vigilate, ricordando che per tre anni, notte e giorno, io non ho cessato di esortare fra le lacrime ciascuno di voi.

Di tutto questo – cioè dell'accorata preoccupazione di Paolo per la sorte del suo gregge, minacciato da «lupi rapaci» che portano «dottrine perverse», non c'è traccia nell'omelia di Bergoglio che si ferma al congedo.

A lui interessava solo affermare che il pastore deve «congedarsi bene, non congedarsi a metà». Deve cioè andarsene definitivamente quando si dimette.

***

Benedetto non abbandona il gregge in pericolo. È in preghiera nel suo eremitaggio a intercedere per la Chiesa e per il mondo e il suo conforto e il suo insegnamento illuminante arrivano per mille rivoli.

Se n'è sentita l'eco in un altro intervento pubblico di monsignor Gänswein, l'11 settembre 2018, alla presentazione alla Camera dei deputati del libro di Rod Dreher *L'opzione Benedetto* (edizioni San Paolo).

Già la sua stessa partecipazione ha fatto arricciare il naso a qualche intellettuale cattolico progressista. Per esempio Massimo Faggioli che ha tuonato da Twitter: «Mi pare non vada ignorato che il segretario particolare del papa emerito Benedetto XVI si spenda in alti elogi, durante un evento pubblico, per un autore che nelle ultime settimane ha ripetutamente accusato papa Francesco di ipocrisia e di varie altre nefandezze».[119]

In realtà Dreher aveva semplicemente preso una posizione che non era piaciuta ai progressisti-bergogliani sull'arcivescovo Carlo Maria Viganò, autore

---

[119] https://bit.ly/2ygTLjo.

dell'esplosivo memoriale sulla questione degli abusi nella Chiesa.[120]

Fra l'altro Dreher ha poi dichiarato in proposito: «Si può non essere d'accordo con quanto scritto, ma alle sue domande bisogna dare una risposta. Non solo il Santo Padre o i cardinali, anche noi laici dobbiamo dare delle risposte. E dobbiamo porci questa domanda: noi vogliamo una Chiesa Santa? O vogliamo la pace mentale al costo di insabbiare la verità?».[121]

L'intervento di monsignor Gänswein dell'11 settembre inizia prendendo spunto proprio dal significato simbolico di quella data e dalla «pubblicazione del rapporto del *Grand Jury* della Pennsylvania» avvenuta pochi giorni prima, per far capire la drammaticità della situazione: «Oggi, infatti, anche la Chiesa cattolica guarda piena di sconcerto al proprio 11 settembre, anche se questa catastrofe non è purtroppo associata a un'unica data».

Ha spiegato che «le notizie provenienti dall'America che ultimamente ci hanno informato di quante anime sono state ferite irrimediabilmente e mortalmente da sacerdoti della Chiesa cattolica, ci trasmettono un messaggio ancor più terribile di quan-

[120] Marco Tosatti, *La testimonianza di mons. Viganò. I documenti dell'ex nunzio*, Stilum Curiae, 5 settembre 2018, https://bit.ly/2Cds6CT.
[121] *Chiesa e abusi, Dreher: «Il Papa risponda, ma anche i laici»*, «La nuova Bussola Quotidiana», 19 settembre 2018, https://bit.ly/2C7Vdr7.

to avrebbe potuto essere la notizia dell'improvviso crollo di tutte le chiese della Pennsylvania, insieme alla Basilica del Santuario Nazionale dell'Immacolata Concezione a Washington».

Poi Gänswein ha ricordato le parole fortissime che Benedetto XVI pronunciò in America su questo dramma, «ma evidentemente invano, come vediamo oggi. Il lamento del Santo Padre non riuscì a contenere il male, e nemmeno le assicurazioni formali e gli impegni a parole di una grande parte della gerarchia».

Il segretario di papa Benedetto ha anche riproposto un passo di Dreher che medita su altre profetiche parole di Benedetto XVI: «Nel 2012 l'allora Pontefice disse che la crisi spirituale che sta colpendo l'Occidente è la più grave dalla caduta dell'Impero Romano, occorsa verso la fine del V secolo. La luce del cristianesimo sta spegnendosi in tutto l'Occidente».

Monsignor Gänswein a sua volta ha voluto riproporre le parole pronunciate da Benedetto XVI in due avvenimenti cruciali.

Il primo è il pellegrinaggio a Fatima dell'11 maggio 2010:

> Il Signore ci ha detto che la Chiesa sarebbe stata sempre sofferente, in modi diversi, fino alla fine del mondo. [...] Quanto alle novità che possiamo oggi scoprire (in questo terzo segreto del messaggio di Fatima), vi è anche il fatto che non solo da fuori vengono attacchi al Papa e alla Chiesa, ma le sofferenze della Chie-

sa vengono proprio dall'interno della Chiesa, dal peccato che esiste nella Chiesa. Anche questo si è sempre saputo, ma oggi lo vediamo in modo realmente terrificante: che la più grande persecuzione della Chiesa non viene dai nemici fuori, ma nasce dal peccato nella Chiesa.

Il secondo avvenimento è la memorabile Via Crucis del 2005, l'ultima di Giovanni Paolo II, dove da cardinale, Ratzinger tenne la meditazione e alla Nona Stazione pronunciò parole impressionanti:

Che cosa può dirci la terza caduta di Gesù sotto il peso della croce? Forse ci fa pensare alla caduta dell'uomo in generale, all'allontanamento di molti da Cristo, alla deriva verso un secolarismo senza Dio. Ma non dobbiamo pensare anche a quanto Cristo debba soffrire nella sua stessa Chiesa? Quante volte si abusa del santo sacramento della sua presenza, in quale vuoto e cattiveria del cuore spesso egli entra! Quante volte celebriamo soltanto noi stessi senza neanche renderci conto di lui! Quante volte la sua Parola viene distorta e abusata! Quanta poca fede c'è in tante teorie, quante parole vuote! Quanta sporcizia c'è nella Chiesa, e proprio anche tra coloro che, nel sacerdozio, dovrebbero appartenere completamente a lui! Quanta superbia, quanta autosufficienza! Tutto ciò è presente nella sua passione. Il tradimento dei discepoli, la ricezione indegna del suo Corpo e del suo Sangue è certamente il più grande dolore del Redentore, quello che gli trafigge il cuore. Non ci rimane altro che rivolgergli, dal più profondo dell'animo, il grido: *Kyrie, eleison* – Signore, salvaci!

Gänswein ha sottolineato che questa «mondanizza-zione», questo «oscuramento di Dio» riguarda tutte le confessioni, ma non è Dio che ci ha abbandonato, piuttosto non è più riconosciuto da noi, anche per «le ombre dei peccati» all'interno della Chiesa.

Il generale abbandono della fede dà una sensazio-ne quasi da «ultimi tempi» e a questo punto monsi-gnor Gänswein ha detto:

> In questa sensazione evidentemente non sono solo. In maggio, infatti, anche Willem Jacobus Eijk, cardinale arcivescovo di Utrecht, ha ammesso che, guardando all'attuale crisi, pensa alla «prova finale che dovrà at-traversare la Chiesa» prima della venuta di Cri-sto – descritta dal paragrafo 675 del Catechismo della Chiesa cattolica – e che «scuoterà la fede di molti cre-denti». La persecuzione – continua il Catechi-smo – che accompagna il pellegrinaggio della Chiesa sulla terra svelerà il «mistero di iniquità».

Questo passaggio di monsignor Gänswein ha colpi-to molto. Perché l'intervento del cardinale Eijck che egli cita e rilancia è stato un vigorosissimo altolà pubblicato il 7 maggio 2018 dall'arcivescovo di Utrecht contro l'apertura all'intercomunione con i protestanti votata dai vescovi tedeschi e avallata da Roma.

Quell'intervento si concludeva così:

> Osservando che i vescovi e soprattutto il successore di Pietro mancano nel mantenere e trasmettere fedel-

mente e in unità il deposito della fede, contenuto nella sacra Tradizione e nella Sacra Scrittura, non posso non pensare all'articolo 675 del Catechismo della Chiesa cattolica: «Prima della venuta di Cristo, la Chiesa deve passare attraverso una prova finale che scuoterà la fede di molti credenti. La persecuzione che accompagna il suo pellegrinaggio sulla terra svelerà il "mistero di iniquità" sotto la forma di una impostura religiosa che offre agli uomini una soluzione apparente ai loro problemi, al prezzo dell'apostasia dalla verità».[122]

Queste parole fecero clamore suscitando irritazione fra i bergogliani. Ma monsignor Gänswein non solo ha citato quell'intervento del cardinale Eijck, ma addirittura ha riproposto proprio quelle righe apocalittiche tratte dal Catechismo sull'apostasia e sul «mistero di iniquità».

Come si affronta questo immane disastro del nostro tempo e il dilagare del *mysterium iniquitatis*?

Dreher indica l'esempio di san Benedetto e dei suoi monaci a cui tanto deve la nostra civiltà. Ma da cosa erano mossi quegli uomini?

Gänswein ricorda la risposta che Benedetto XVI dette nel celebre discorso al Collège des Bernardins di Parigi il 12 settembre 2008:

La loro motivazione era molto [...] elementare. Il loro obiettivo era: *quaerere Deum*, cercare Dio. Nella con-

[122] «*Il papa non può ammettere l'intercomunione*», «La nuova Bussola Quotidiana», 7 maggio 2018, https://bit.ly/2IQDIg8.

fusione dei tempi in cui niente sembrava resistere, essi volevano fare la cosa essenziale: impegnarsi per trovare ciò che vale e permane sempre, trovare la Vita stessa. Erano alla ricerca di Dio. [...] *Quaerere Deum*, cercare Dio e lasciarsi trovare da Lui: questo oggi non è meno necessario che in tempi passati.

Gänswein ha concluso così il suo discorso: «Se questa volta la Chiesa con l'aiuto di Dio non saprà ancora rinnovarsi, ne andrà di nuovo dell'intero progetto della nostra civiltà», ma «devo ammettere con sincerità che percepisco questo tempo di grande crisi, oggi evidente a tutti, soprattutto come un tempo di grazia; perché alla fine a "farci liberi" non sarà un particolare sforzo qualsiasi, ma la "verità", come il Signore ci ha assicurato».[123]

Il vaticanista Aldo Maria Valli, nel suo blog, ha titolato: *Attenzione: parla Gänswein. E si sente l'eco di Benedetto.*[124]

---

[123] Si veda il testo integrale dell'intervento di monsignor Gänswein al sito https://bit.ly/2OigKEN.

[124] Valli poi ha scritto: «Quanto c'è di Ratzinger nelle parole di Gänswein? Probabilmente molto, considerando la vicinanza e la consuetudine fra il papa emerito e il suo segretario. D'altra parte, l'arcivescovo non si esprimerebbe in un certo modo se non sentisse di avere l'avallo di Benedetto» (https://bit.ly/2IPDYfi).

TERZA PARTE

Fatima e l'ultimo papa

Così egli andò, con pochi, fino a Gerusalemme. [...]
Considerò Gerusalemme distrutta, consumata dal fuoco [...]
C'erano fuori nemici per distruggerlo,
e dentro c'erano spie e opportunisti,
quando lui e i suoi uomini posero mano a riedificare il muro.*
                    Thomas S. Eliot, *Cori da «La Rocca»*, IV

* Thomas S. Eliot, *Cori da «La Rocca»*, Bur, Milano 1994, p. 73.

Il potere dei senza potere

Simone, figlio di Giovanni, mi ami tu più di costoro?

Giovanni 21,15

Nella sua prima udienza da papa, il 27 aprile 2005, Benedetto XVI volle anzitutto spiegare il nome che aveva scelto. E la prima ragione fu davvero inattesa:

> Ho voluto chiamarmi Benedetto XVI per riallacciarmi idealmente al venerato Pontefice Benedetto XV, che ha guidato la Chiesa in un periodo travagliato a causa del primo conflitto mondiale. Fu coraggioso e autentico profeta di pace e si adoperò con strenuo coraggio dapprima per evitare il dramma della guerra e poi per limitarne le conseguenze nefaste. Sulle sue orme desidero porre il mio ministero a servizio della riconciliazione e dell'armonia tra gli uomini e i popoli, profondamente convinto che il grande bene della pace è innanzitutto dono di Dio, dono purtroppo fragile e prezioso da invocare, tutelare e costruire giorno dopo giorno con l'apporto di tutti.[125]

Nessuno avrebbe immaginato che il cardinale Ratzinger, divenendo papa, avesse come prima preoc-

---

[125] Si veda il testo integrale all'indirizzo https://bit.ly/2ymZx2V.

cupazione la pace, anche perché in apparenza non sembrava allora a rischio. Ma non bisogna mai dimenticare che egli, nei suoi lunghi anni all'ex Sant'Uffizio accanto a Giovanni Paolo II, poté avere una conoscenza molto più profonda dei comuni mortali sul tempo che stiamo vivendo.

Inoltre, scelse quel nome perché evoca «la straordinaria figura del grande "Patriarca del monachesimo occidentale", san Benedetto da Norcia, compatrono d'Europa».

Un santo che, con i suoi monasteri, «ha esercitato un influsso enorme nella diffusione del cristianesimo in tutto il Continente». Egli «costituisce un fondamentale punto di riferimento per l'unità dell'Europa e un forte richiamo alle irrinunciabili radici cristiane della sua cultura e della sua civiltà».

Di questo padre del monachesimo occidentale e dell'Europa Benedetto XVI ha voluto far sua, programmaticamente, la raccomandazione che egli consegnò ai monaci nella *Regola*: «Nulla assolutamente antepongano a Cristo» (*Regola* 72,11; cfr. 4,21).

Ecco, dunque: la pace, l'Europa, le sue radici cristiane e la necessità di porre Cristo al centro della vita. Tutte tessere di un unico mosaico.

Negli anni del suo pontificato, in effetti, si è trovato a combattere proprio su questi fronti con nemici potentissimi. È stato scatenato un formidabile attacco demolitorio della fede (cristiana), specie in Europa, ma – insieme – anche della ragione. È infatti il tempo del *mysterium iniquitatis*, il tempo della follia che tracima ovunque e cola sulle cronache.

Fra l'altro, il mondo è stritolato da una tenaglia inaccettabile che vede da una parte un Occidente disseccato dall'ideologia laicista, dall'altra un Oriente dominato dal fondamentalismo islamico.

Proprio su questa drammatica alternativa Benedetto XVI ha fatto uno dei suoi più importanti interventi da papa emerito, nell'aprile 2017.

A fornirgli l'occasione è stato il Simposio che il presidente polacco Andrzej Duda e i vescovi di quel Paese hanno organizzato in onore del suo 90° compleanno. Il titolo del convegno era: *Il concetto di Stato nella prospettiva dell'insegnamento del cardinal Joseph Ratzinger-Benedetto XVI.*

Benedetto XVI ha scritto al Simposio un messaggio sintetico, ma lucidissimo, che, in poche righe, centra perfettamente il problema perché chiama per nome l'islamismo e la sua concezione dello Stato (cosa alquanto inconsueta al tempo del presidente Obama e di papa Bergoglio).

Ma Benedetto XVI non pone solo il problema dell'islamismo. Insieme a esso mette in discussione anche lo Stato laicista occidentale. Il messaggio merita di essere letto:

Il tema scelto porta Autorità statali ed ecclesiali a dialogare insieme su una questione essenziale per il futuro del nostro Continente. Il confronto fra concezioni radicalmente atee dello Stato e il sorgere di uno Stato radicalmente religioso nei movimenti islamistici conduce il nostro tempo in una situazione esplosiva, le cui conseguenze sperimentiamo ogni giorno. Questi radicalismi esigono urgentemente che noi sviluppiamo una concezione convincente dello Stato, che sostenga il confronto con queste sfide e possa superarle. Nel travaglio dell'ultimo mezzo secolo, con il Vescovo-Testimone Cardinale Wyszyński e con il Santo Papa Giovanni Paolo II, la Polonia ha donato all'umanità due grandi figure, che non solo hanno riflettuto su tale questione, ma ne hanno portato su di sé la sofferenza e l'esperienza viva, e perciò continuano ad indicare la via verso il futuro.[126]

È significativo che Benedetto XVI indichi come esempi da seguire il cardinale Wyszyński, simbolo dell'opposizione allo Stato ateo comunista, e Giovanni Paolo II che – oltre alla lotta contro i totalitarismi atei – cercò di far capire all'Europa che sarebbe stato disastroso costruire un'Unione europea sul secolarismo più laicista, recidendo le radici spirituali dei popoli europei e l'apertura a Dio della sua cultura bimillenaria, perché proprio da quelle radici è venuta la centralità della dignità umana che ha sempre caratterizzato l'Europa.

---

[126] Si veda la sintesi del Simposio e il testo dell'intervento di Ratzinger al sito https://bit.ly/2RQl5gw.

Benedetto XVI afferma che la contrapposizione fra «concezioni radicalmente atee dello Stato» da una parte e «il sorgere di uno Stato radicalmente religioso nei movimenti islamistici conduce il nostro tempo in una situazione esplosiva». Un messaggio profetico che richiama lo storico *Discorso di Ratisbona*, del settembre 2006.

Domina anche in questo messaggio la consapevolezza della gravità dei tempi che viviamo.

***

Dunque, perché a questo grande papa è stato chiesto di sacrificarsi al fine di intercedere giorno e notte con tutta l'autorità delle chiavi di Pietro che danno l'accesso ai tesori di grazie del Cielo?

Perché allestire «la "centrale" della sua preghiera e della sua compassione posta nei Giardini vaticani» (Gänswein) come una formidabile artiglieria contro il divampare del Male? Intercedere per chi e per cosa?

Anzitutto per la Chiesa – lo abbiamo detto – che è nell'ora delle tenebre. E insieme per il mondo che nelle tenebre rischia di sprofondare per sempre, anche materialmente, considerando la novità epocale del XX secolo: la concreta possibilità dell'uomo – per la prima volta nella storia – di distruggere totalmente l'umanità e il mondo intero con i suoi fornitissimi arsenali nucleari. E in pochi secondi.

Un orrore che potrebbe verificarsi perfino per un «banale» errore, come ben sappiamo avendo sfiorato più volte questa inaudita possibilità.[127] Una folle fatalità da cui – oggi – può proteggerci solo la preghiera.

Questo potere prometeico di decretare «la fine del mondo» sembra non essere temuto o ricordato più da nessuno: un potere su cui non si riflette, eppure incombe sull'umanità intera e – di per sé – impone un indiscutibile segno apocalittico sul tempo presente. Come mai prima era accaduto.

Ce lo hanno ripetuto tutti i papi della seconda metà del Novecento. Accoratamente. Ma – paradossalmente – l'equilibrio del terrore garantito dal 1945 al 1990 dalla Guerra Fredda si è dimostrato, per l'appunto, un equilibrio efficace. Sia pure sull'orribile crinale del baratro (e appeso alla fatalità).

L'assetto geopolitico del mondo dopo il 1990 è invece un disequilibrio del terrore e per questo è molto più pericoloso.

Infatti da allora è iniziata un'escalation bellica così folle che – partendo dalla guerra jugoslava degli anni Novanta e passando per le guerre in Iraq e dintorni (anzitutto la Siria) – nel biennio 2012-2013 (l'anno della rinuncia di Benedetto XVI) minaccia-

---

[127] Anna Guaita, *Nel 1962 gli Usa stavano per scatenare una guerra nucleare per errore. Ma un capitano evitò la catastrofe*, «Il Messaggero», 20 ottobre 2015, https://bit.ly/2Or852H.

va seriamente e realisticamente di divampare in Europa fra la Nato, guidata da Obama/Clinton, e la Russia. Accendendo la miccia della Terza guerra mondiale.

Quella che papa Bergoglio ha chiamato «guerra mondiale a pezzi» era già l'anticamera di una Terza guerra mondiale vera. Che sarebbe stata l'ultima...

Per un emblematico paradosso della superbia umana, l'epoca che si è aperta col trionfalistico annuncio della «fine della storia» ha rischiato (e rischia) di portarci davvero alla fine della storia. Alla fine di tutto.

Oggi – dopo la vittoria di Trump negli Usa e il riaprirsi di canali di dialogo internazionale – «l'orologio dell'apocalisse»[128] sembra in *stand by*. Ma c'è il rischio incombente che la tensione torni a salire, perché il «partito della guerra» è fortissimo e non demorde e soffia sul fuoco in tutti i modi possibili.

Un'alta autorità spirituale come il patriarca Kirill, il massimo vertice della Chiesa ortodossa russa, è arrivato a pronunciare queste parole in un discorso pubblico:

Tutti coloro che amano la Patria devono essere insieme perché stiamo entrando in un periodo critico nella storia della civiltà umana. Questo può già essere visto a occhio nudo. Bisogna essere ciechi per non

---

[128] È ovviamente una valutazione geopolitica mia. Non mi riferisco all'Orologio dell'apocalisse aggiornato secondo il «Bulletin of the Atomic Scientists», https://bit.ly/2IkvRqR.

notare l'avvicinarsi di momenti che ispirano timore nella storia, ciò di cui l'apostolo ed evangelista Giovanni parlava nel libro dell'Apocalisse.[129]

Poi «il Patriarca di Mosca e di tutte le Russie ha aggiunto che il momento preciso della fine dei tempi dipende dalle azioni di ciascuno. Ha chiesto al popolo di capire la responsabilità delle persone per ciò che riguarda la Russia e l'intera umanità, e di bloccare "il movimento verso l'abisso della fine della storia"».[130]

Queste parole rendono forse più chiara la scelta e la missione attuale di Benedetto XVI. Solo Dio sa se e quanto il suo «sacrificio» e la sua intercessione, dal 2013, hanno rallentato o fermato il conto alla rovescia.

Sono cose custodite nel libro del cielo e per il mondo è idiozia credere che la preghiera e l'intercessione di un papa possano avere questa incidenza nella storia, questo potere sovrumano.

Perciò atteniamoci pure, laicamente, alla semplice constatazione dei fatti che ci mostrano oggi uno scontro Nato/Russia più lontano e improbabile di quanto era negli anni di Obama/Clinton (la «guerra mondiale a pezzi» per il momento si è allontanata).

C'è però una cosa che – ai credenti – spiega il va-

[129] Marco Tosatti, *Il patriarca ortodosso vede i segni dell'Apocalisse*, «La nuova Bussola Quotidiana», 23 novembre 2017, https://bit.ly/2OnEWpj.
[130] *Ibidem.*

lore e la forza del grande esorcismo sul mondo rappresentato dalla preghiera e dal sacrificio di Benedetto XVI: è Fatima.

***

Come abbiamo visto, l'11 settembre 2018, nel suo intervento, monsignor Georg Gänswein ha ricordato ciò che Benedetto XVI disse nel suo pellegrinaggio a Fatima del 2010.

Quella visita fu memorabile anche perché il papa – rovesciando le tranquillizzanti versioni curiali – spalancò il terribile scenario del «terzo segreto» al futuro, non limitandolo più solo al secolo passato.

Quel «segreto» che al suo centro ha due personaggi – il «vescovo vestito di bianco» e un vecchio papa – ci parla dunque di oggi? Chi sono quelle due figure?

Il 12 maggio 2017, a Fatima, è stato lo stesso papa Bergoglio a definirsi «vescovo vestito di bianco»,[131] identificandosi con quel protagonista della profezia che i pastorelli scorsero «come si vedono le persone in uno specchio».

Mentre Benedetto XVI sempre più somiglia al «Santo Padre, mezzo tremulo, con passo vacillante,

[131] Papa Francesco a Fatima «Come un vescovo vestito di bianco», Corriere.it, 12 maggio 2017, https://bit.ly/2NGJBxq; Lucio Di Marzio, Il Papa a Fatima: «Vengo come vescovo vestito di bianco», ilGiornale.it, 12 maggio 2017, https://bit.ly/2OnB3R8.

afflitto di dolore e di pena che attraversava una grande città mezza in rovina» (la devastazione spirituale nella città di Dio e/o la devastazione materiale di un mondo pieno di rovine, come colpito da guerra nucleare?).

Il testo di suor Lucia dice che quel Santo Padre «avanzava pregando» per le anime «che incontrava sul suo cammino», anime morte di una città in rovina.

Bisogna ricordare l'eccezionalità di Fatima nella storia della Chiesa: «È stata la prima volta che la Chiesa ha ufficialmente riconosciuto l'incisività storica di una profezia la cui fonte è un'apparizione della Vergine. Profezia che il cardinale [Angelo] Sodano ha definito "la più grande dei tempi moderni"».[132] L'ha paragonata addirittura alle profezie bibliche.

Fra le tante cose che vengono in luce con le apparizioni di Fatima ce n'è una che passa sempre inosservata, mentre è clamorosa: lo straordinario potere di intercessione che il Cielo ha realmente dato alla Chiesa.

I credenti sanno che la Santa Messa – che rinnova il sacrificio salvifico del Calvario e che si celebra praticamente di continuo sul globo nell'arco delle ventiquattro ore –[133] è il grande esorcismo che im-

[132] Renzo Allegri, *Il Papa di Fatima*, Mondadori, Milano 2006, p. 21.
[133] Questo era stato profetizzato nell'Antico Testamento: «Poiché dall'oriente all'occidente grande è il mio nome fra le genti e in ogni luogo è offerto incenso al mio nome e una oblazione pura,

pedisce alle forze del Male di distruggere l'umanità. È la sua corazza.

«Ma riceve tutto il mondo» diceva il cardinale Siri «tutto il mondo riceve da ogni rinnovazione del Sacrificio della croce. Il mondo non si trova mai unito, mai. [...] Ma il mondo è unito sempre e continuamente in un punto solo: nell'offerta del S. Sacrificio».[134]

Secondo padre Pio «sarebbe più facile che la Terra si reggesse senza Sole, anziché senza la Santa Messa». Anche per questo Benedetto XVI – con la Chiesa di sempre – ritiene che il sacrificio eucaristico – «fonte e culmine della vita e della missione della Chiesa» – sia il tesoro intangibile e irrinunciabile, esponendosi, pure da papa emerito, in sua difesa.

Non a caso nell'unico suo discorso pubblico da papa emerito, durante la cerimonia in Vaticano per il 65° della sua ordinazione sacerdotale, volle parlare solo di questo:

«*Eucharistómen*» ci rimanda a quella realtà di ringraziamento, a quella nuova dimensione che Cristo ha dato. Lui ha trasformato in ringraziamento, e così in benedizione, la croce, la sofferenza, tutto il male del mondo. [...] Alla fine, vogliamo inserirci in questo «grazie» del Signore, e così ricevere realmente la no-

---

perché grande è il mio nome fra le genti, dice il Signore degli eserciti» (Ml 1,11).

[134] Cardinale Giuseppe Siri, *Il nostro itinerario con Gesù Cristo* (corso di esercizi spirituali).

vità della vita e aiutare per la transustanziazione del mondo: che sia un mondo non di morte, ma di vita; un mondo nel quale l'amore ha vinto la morte.[135]

È impressionante che ogni sacerdote, un semplice uomo, riceva dalla Chiesa il «potere» davvero divino di far accadere, ripetendo le parole della liturgia, quell'avvenimento inaudito: il rinnovarsi del sacrificio del Calvario e la trasformazione del pane e del vino in carne e sangue di Cristo.

Ma c'è di più. Inserito in Cristo, con il Battesimo, ogni cristiano diventa «sacerdote» e può offrire, con il sacerdote ministeriale, quel sacrificio con cui Gesù ha offerto se stesso sulla croce e si dona sempre nella messa a gloria di Dio e per la salvezza dell'umanità. Questa è la cosa immensa che può fare ogni cristiano, cosicché egli – seppure semplice e umile – diventa il vero protagonista della storia del mondo, più di qualsiasi capo di Stato.

Infatti, tutto comincia con la giovane e umile Maria di Nazaret che, nel suo sperduto villaggio della Galilea, con il suo «sì» cambiò la storia umana più di tutti gli imperatori.

Ecco perché la Madonna, con le apparizioni di Fatima scende sulla Terra prendendo come interlocutori tre bambini cristiani di un remoto villaggio del Portogallo. La Regina dei profeti entra nella sto-

---

[135] *Discorso di Benedetto XVI nel 65esimo anniversario della sua ordinazione sacerdotale*, 28 giugno 2016, https://bit.ly/2CL4TZC.

ria del Novecento chiedendo l'aiuto di tre bambini – nientemeno – per salvare l'umanità.

> È così che fa conoscere se stessa ed il potere di chi
> non ha potere sulla Terra. La Madonna chiede a que
> sti tre fanciulli, insignificanti per il mondo, se voglio
> no «offrire» le loro preghiere e le loro sofferenze «per
> ottenere la conversione dei peccatori», cioè per salva
> re il mondo. «Sì, lo vogliamo!», risponde Lucia con
> slancio. Così i piccoli e i semplici diventano una cosa
> sola con Cristo e ottengono la gloria e la felicità eterna
> («ci fece vedere noi stessi in Dio...»). Così i piccoli e i
> semplici salvano il mondo, all'insaputa dei giornali,
> degli intellettuali e delle cancellerie. La Madonna in
> fatti chiede loro la recita quotidiana del rosario «per
> ottenere la pace al mondo», la fine del Primo conflit
> to mondiale.[136]

Questo evidenzia l'immenso potere di ogni cristiano. L'altro interlocutore della Madonna, a Fatima, è
il papa. Fatima fa emergere il forte legame fra Maria, Madre della Chiesa, e Pietro, vicario di Cristo in
Terra.

La Madonna consegna infatti ai tre bambini un
accorato messaggio che è specialmente destinato al
pontefice.

È la seconda parte del «segreto», una profezia che
viene pronunciata – ricordiamolo – nel luglio 1917,
mentre è ancora in corso la Grande Guerra, tre me

---

[136] Antonio Socci, *Il quarto segreto di Fatima*, Rizzoli, Milano 2006,
  p. 183.

si prima che scoppi la rivoluzione bolscevica in Russia e ventidue anni prima che divampi la Seconda guerra mondiale:

> Avete visto l'inferno, dove vanno le anime dei poveri peccatori. Per salvarli, Dio vuole stabilire nel mondo la devozione al Mio Cuore Immacolato. Se farete quello che vi dirò, molte anime si salveranno e avranno pace. La guerra sta per finire, ma se non smetteranno di offendere Dio, nel regno di Pio XI ne comincerà un'altra peggiore. Quando vedrete una notte illuminata da una luce sconosciuta, sappiate che è il grande segnale che Dio vi dà del fatto che si appresta a punire il mondo per i suoi delitti, per mezzo della guerra, della fame e delle persecuzioni alla Chiesa e al Santo Padre. Per impedire tutto questo, sono venuta a chiedere la consacrazione della Russia al Mio Cuore Immacolato e la comunione riparatrice nei primi sabati. Se ascolterete le mie richieste, la Russia si convertirà e avrete pace; diversamente diffonderà i suoi errori nel mondo, promuovendo guerre e persecuzioni alla Chiesa; i buoni saranno martirizzati, il Santo Padre dovrà soffrire molto, diverse nazioni saranno annientate; infine il Mio Cuore Immacolato trionferà. Il Santo Padre mi consacrerà la Russia che si convertirà e sarà concesso al mondo qualche tempo di pace.

La vicenda della ritardata «consacrazione della Russia» è una questione complessa, che ha attraversato molti pontificati.[137] Ma ciò che qui preme sotto-

[137] *Ibidem.*

lineare è l'immenso potere di intercessione che al papa è stato dato.

Lo certifica la Madonna in persona venendo dal Cielo a chiedere al Sommo Pontefice di usare quel potere affidatogli dal suo Figlio.

Quando Gesù consegnò a Pietro «le chiavi» del Regno dei Cieli gli disse testualmente: «Tutto quello che scioglierete sopra la terra sarà sciolto anche in cielo; e tutto quello che legherete sopra la terra sarà legato anche in cielo».

Pietro impersona la Chiesa, ci dice sant'Agostino:[138] quelle parole rivelano quale stupefacente potere Dio ha dato alla Chiesa che s'incarna in particolare nella persona di Pietro. È alla luce di ciò che si può pensare la missione che Benedetto XVI sta svolgendo oggi.

Fu proprio lui, del resto, a spiegare che tipo di

---

[138] «Pietro meritò di impersonare la Chiesa intera. Proprio per il fatto di impersonare da solo tutta la Chiesa, meritò di ascoltare: *Ti darò le chiavi del regno dei cieli.* Non ricevette infatti queste chiavi un solo uomo, ma la Chiesa nella sua unità. In forza di ciò, quindi, si celebra la preminenza di Pietro, in quanto rappresentò la Chiesa nella sua stessa universalità e unità allora che gli fu detto: *A te consegno* quello che fu dato a tutti. Perché dunque possiate comprendere che la Chiesa ha ricevuto le chiavi del regno dei cieli, desunto da un altro passo, ascoltate che cosa il Signore vuol dire a tutti i suoi Apostoli: *Ricevete lo Spirito Santo.* E immediatamente: *A chi rimetterete i peccati saranno rimessi, a chi non li rimetterete resteranno non rimessi.* Questo è in rapporto alle chiavi delle quali fu detto: *Tutto quello che scioglierete sopra la terra sarà sciolto anche in cielo; e tutto quello che legherete sopra la terra sarà legato anche in cielo*» (Sant'Agostino, Discorso 295, 2.2).

«potere» ha il papa e qual è la sua fonte. Lo fece nella memorabile omelia di inizio pontificato spiegando il simbolo del «pallio» che viene indossato dal Sommo Pontefice:

La lana d'agnello intende rappresentare la pecorella perduta o anche quella malata e quella debole, che il pastore mette sulle sue spalle e conduce alle acque della vita. [...] L'umanità – noi tutti – è la pecora smarrita che, nel deserto, non trova più la strada. Il Figlio di Dio non tollera questo; Egli non può abbandonare l'umanità in una simile miserevole condizione. [...] Egli è il buon pastore, che offre la sua vita per le pecore. Il Pallio dice innanzitutto che tutti noi siamo portati da Cristo. Ma allo stesso tempo ci invita a portarci l'un l'altro. Così il Pallio diventa il simbolo della missione del pastore. [...] Il pastore di tutti gli uomini, il Dio vivente, è divenuto lui stesso agnello, si è messo dalla parte degli agnelli, di coloro che sono calpestati e uccisi. Proprio così Egli si rivela come il vero pastore: «Io sono il buon pastore... Io offro la mia vita per le pecore», dice Gesù di se stesso (Gv 10,14s). Non è il potere che redime, ma l'amore! [...] Il Dio, che è divenuto agnello, ci dice che il mondo viene salvato dal Crocifisso e non dai crocifissori. Il mondo è redento dalla pazienza di Dio e distrutto dall'impazienza degli uomini. Una delle caratteristiche fondamentali del pastore deve essere quella di amare gli uomini che gli sono stati affidati, così come ama Cristo, al cui servizio si trova. «Pasci le mie pecore», dice Cristo a Pietro, ed a me, in questo momento. Pascere vuol dire amare, e amare vuol dire anche essere pronti a soffrire. Amare significa: dare alle pecore il vero bene, il nutrimento della verità di Dio, della parola di Dio, il nutrimento della sua presenza, che egli ci dona nel Santissimo Sacramento.[139]

La verità è racchiusa in queste parole del papa: «Non è il potere che redime, ma l'amore». L'opera, la missione che sta compiendo oggi Benedetto è unica, anche se incompresa e sottovalutata: è una missione di amore. La misteriosa forza dell'amore è ciò che salva, non il potere.

Egli è la grande sentinella di Dio nel nostro tempo, è colui che ha alzato una grande muraglia di difesa per tutti noi nel tempo del *mysterium iniquitatis*.

***

La profezia di Fatima su questo nostro tempo è eloquente e fa riflettere. Ma forse c'è ancora di più che è rimasto nell'ombra e che è davvero inquietante.

C'è un «dettaglio» che emerge – dopo tanti anni – dai ponderosi volumi che raccolgono tutti i documenti dell'epoca e dagli interrogatori a cui furono sottoposti i tre pastorelli. Si tratta di grossi libri che non sono alla portata del grande pubblico, una miniera di informazioni forse ancora in parte inesplorata.

È noto che Giacinta e Francesco morirono poco

---

[139] Omelia di Sua Santità Benedetto XVI, 24 aprile 2005, cit.

dopo le apparizioni per la febbre spagnola che divampò in tutta Europa. Fu Lucia – diventata suora carmelitana – a far conoscere fino alla morte, avvenuta nel 2005, il messaggio della Madonna.

Quello che conosciamo di Fatima perlopiù viene da lei. Anche di Giacinta e Francesco sappiamo in genere le cose che ci ha tramandato Lucia. Abbiamo appreso, per esempio, che Giacinta fu particolarmente legata alla figura di un papa, evidentemente un papa futuro rispetto agli anni della sua vita.

Nella terza memoria scritta da Lucia – in data 31 agosto 1941 – si trova riportata una visione della piccola Giacinta (oggi canonizzata dalla Chiesa) che fa pensare a Benedetto XVI.

Un giorno andammo a passare le ore della siesta sul pozzo dei miei genitori. Giacinta si sedette sulle lastre del pozzo […] mi chiama.
«Non hai visto il Santo Padre?»
«No!»
«Non so com'è stato! Io ho visto il Santo Padre in una casa molto grande, inginocchiato davanti a un tavolo, con la faccia tra le mani, in pianto. Fuori dalla casa c'era molta gente, alcuni tiravano sassi, altri imprecavano e dicevano molte parolacce. Povero Santo Padre! Dobbiamo pregare molto per Lui!»
[…]
In altra occasione andammo alla grotta del Cabeço. Arrivati lì, ci prostrammo per terra a dire le preghiere dell'Angelo. Dopo un po', Giacinta si alza e mi chiama.
«Non vedi tante strade, tanti sentieri e campi pieni di persone che piangono di fame e non hanno niente da

mangiare? E il Santo Padre in una chiesa, davanti al Cuore Immacolato di Maria, in preghiera? E tanta gente in preghiera con Lui?»[140]

Ma nella documentazione sulle apparizioni di Fatima è contenuta anche una frase della Madonna che Giacinta riferisce a chi la interroga, una frase molto forte che non si trova nei testi pubblicati di suor Lucia e che io non ho mai letto nei libri su Fatima.

Una frase breve, ma terribile, pronunciata dalla Vergine durante l'apparizione del 13 ottobre 1917, quella in cui si verifica il «miracolo del sole» (uno spaventoso vorticare del sole nel cielo) davanti a 70.000 persone, compresi diversi giornalisti.

Ne sono venuto a conoscenza quando un amico padovano, pellegrino a Fatima, me l'ha segnalata girandomi il testo di un corso sui messaggi della Madonna tenuto nel 2017 al santuario portoghese. Il suo titolo: *Curso sobre a Mensagem de Fátima «O triunfo do amor nos dramas da História».*[141]

Anche la diocesi di Leiria-Fatima ha tenuto quello stesso corso – come si legge nel suo sito – «sotto la guida di suor Ângela Coelho, religiosa dell'alleanza di Santa Maria e postulatrice della causa di canonizzazione di Francesco e Giacinta Marto».

Si tratta di un corso che «è indirizzato ai devoti

[140] *Memorie di suor Lucia*, vol. I, edite dal Secretariado dos pastorinhos, Fatima (Portogallo) 2000, VI edizione, pp. 111-112.
[141] https://bit.ly/2RQ3R2T.

e ai pellegrini di Fatima, a chi si occupa di pastorale di vari campi, ai movimenti, ai cristiani interessati a una migliore comprensione della spiritualità fatimita».[142]

Il nome di suor Ângela Coelho, una specialista della materia, si trova anche sotto il titolo nel testo cartaceo del corso tenuto al santuario.

È uno strumento di catechesi che il santuario di Fatima – nel centenario delle apparizioni – propone alle tante persone che «non hanno ancora avuto l'opportunità di incontrare», in modo completo e ordinato, «il messaggio che, nella Cova da Iria, Dio ha dato all'umanità del nostro tempo, attraverso la Madonna. [...] In questo senso, il santuario presenta un *Corso sul Messaggio di Fatima* che espone gli elementi fondamentali delle apparizioni di Cova da Iria».

Nella parte finale, quella della documentazione storica, si riportano tutte le apparizioni e al capitolo sull'apparizione del 13 ottobre 1917, alla pagina 40, si legge testualmente:

E assumendo un aspetto più triste, [la Madonna disse]: «Non offendano più Nostro Signore che è già molto offeso! Se il popolo si emenderà, finirà la guerra, se non si emenderà, finirà il mondo».[143]

[142] Dal sito della diocesi di Leiria-Fatima https://bit.ly/2OoZ2zn.
[143] In portoghese: «*E tomando um aspecto mais triste: "Não ofendam mais a Nosso Senhor que já está muito ofendido! Se o povo se emendar, acaba a guerra e, se não se emendar, acaba o mundo"*».

Non avevo mai letto questa espressione così dirompente nei testi ufficiali che si trovano in libreria. Infatti, nelle *Memorie di suor Lucia*, volume I (imprimatur del vescovo di Fatima del 28 marzo 2007), pubblicato da Segretariado dos pastorinhos, l'apparizione del 13 ottobre 1917 si trova raccontata due volte, ma quella frase non c'è.[144] Egualmente negli altri libri o nelle interviste o nelle lettere di suor Lucia.

Chi, dunque, aveva riferito quelle parole della Madonna? E quando? Dov'è la fonte? Sono parole attendibili?

In nota c'è, fra l'altro, un rimando all'«interrogatorio del Dr. Formigão, in *Documentação Crítica de Fátima*, I, p. 142». Ovvero – appunto – quei

---

[144] A pagina 96 dell'edizione italiana si legge:

> Siamo dunque, Ecc. Rev.ma, al 13 ottobre. In questo giorno, Ecc. Rev.ma, sa già tutto quel che avvenne. Di questa apparizione, le parole che più si impressero nel mio cuore, furono quelle della richiesta della nostra Madre Santissima del Cielo: «Non offendano più Dio, Nostro Signore, che è già tanto offeso».

Poi a pagina 177 Lucia racconta di nuovo questa cosa riferendo il dialogo. Lei disse:

> Io avrei molte cose da chiederLe: se cura dei malati e se converte alcuni peccatori, ecc.

La risposta della Madonna riferita dalla suora è questa:

> «Alcuni, sì; altri, no. Devono emendarsi; chiedano perdono dei loro peccati.»
>
> E prendendo un aspetto più triste: «Non offendano più Dio Nostro Signore, che è già molto offeso».
>
> E aprendo le mani, le fece riflettere nel sole; e mentre si elevava, il riflesso della Sua stessa luce continuava a proiettarsi nel sole.

L'edizione portoghese delle *Memorie* è identica all'italiana e queste frasi si trovano alle pagine 97 e 181.

volumi di cui parlavo, che raccolgono gli interrogatori ai veggenti e gli altri documenti relativi alle apparizioni.

Così ho chiesto a un amico, Bernardo Motta, appassionato della storia di Fatima, che *in loco* ha potuto verificare direttamente quelle fonti.

Da una ricerca non esaustiva sui volumi I e III della serie *Documentação Crítica de Fátima*, volumi che coprono l'anno 1917, Motta ha scoperto che in effetti è vero: nell'interrogatorio del 19 ottobre 1917, tenuto da padre Manuel Nunes Formigão a casa Marto, quelle parole (che non vengono riferite da Lucia) si trovano testualmente e sono pronunciate da Giacinta, nella sua ottava risposta.[145]

Nello stesso giorno anche padre José Ferreira de Lacerda interroga i bambini. E il resoconto è un documento in cui risulta che alla ventiduesima domanda («*O que disse N. Senhora?*»), Giacinta risponde di nuovo con quel concetto: «Se la gente non si emenderà, finirà il mondo».[146] Mentre Lucia

---

[145] «*O que disse a Senhora desta ultima vez?*»
[Jacinta] disse: «Venho aqui para te dizer que não offendam mais a Nosso Senhor, que estava muito offendido, que se o povo se emendasse acabava a guerra, se não [se emendasse] acabava o mundo. A Lucia ouviu melhor do que eu o que a Senhora disse». Sorgente: DCF, vol. I (2ª edizione) – Doc. 16, p. 159 (in questo caso la bambina Giacinta aggiunge però che Lucia ha sentito meglio le parole della Madonna).

[146] «*[Jacinta] Que se o povo [não] quizesse emendar acabava o mundo; se não se quizesse emendar acabava a guerra.*» Sorgente: DCF, vol. I (2ª edizione) – Doc. 47, p. 316.

risponde alla stessa domanda senza usare quelle parole.

Fra i documenti raccolti in quei volumi si trova infine una lettera di padre Manuel Pereira da Silva che era presente a quell'apparizione del 13 ottobre 1917 a Cova da Iria e riferisce al suo amico padre António Pereira de Almeida – da testimone oculare e auricolare – che ha sentito i bambini parlare di «fine del mondo» se l'umanità «non fa penitenza e non cambia vita».[147]

Una ricerca più approfondita su quelle fonti forse può trovare ulteriori conferme. Ma già queste sono sufficienti.

Del resto, il fatto che quella frase sia stata riportata in un corso sulle apparizioni di suor Ângela Coelho, postulatrice della causa di canonizzazione di Francesco e Giacinta Marto, ne garantisce l'autenticità e l'attendibilità.

Non è chiaro perché la piccola Giacinta riferisce di aver sentito quelle parole e Lucia no. Tuttavia, è vero che ci sono ancora tante pagine inedite di Lucia che potrebbero contenere queste parole e molto altro.

Del resto, diverse volte – nel corso degli anni suc-

---

[147] «*As pequenas disseram que este dissera que hoje, ou breve, seria arvorada a bandeira da paz; que resassem o terço que em breve cá teriam as nossas tropas; que fizessem penitencia, que mudassem de vida porque, de contrario, se acabaria o mundo.*» Sorgente: DCF, vol. III-1 – Doc. 55, pp. 164-166.

cessivi – suor Lucia prospetterà qualcosa di simile al contenuto della frase che Giacinta attribuì alla Madonna. Per esempio, nel clamoroso colloquio del 26 dicembre 1957 con il padre Agostino Fuentes, a quel tempo postulatore della causa di beatificazione di Francesco e Giacinta.[148]

Lì troviamo espressioni molto inquietanti. Tra le quali, per esempio: «La punizione del Cielo è imminente» e «molte volte la Santissima Vergine ha detto, ai miei cugini Francesco e Giacinta e a me, che molte nazioni scompariranno dalla faccia della Terra».

Oppure: «Padre, la Santissima Vergine non mi ha detto esplicitamente che siamo giunti alla fine dei tempi, ma ci sono tre ragioni che mi spingono a crederlo».

E ancora: «Padre, la mia missione non è quella di indicare al mondo il castigo materiale che certamente lo attende, se non si converte per tempo alla preghiera e alla penitenza. No! La mia missione è di ricordare a ciascuno di noi il pericolo di perdere le nostre anime immortali, se ci ostineremo nel peccato».[149]

Che cosa pensare, dunque, di quella frase della

[148] Il testo fu pubblicato – con l'approvazione ecclesiastica – negli Stati Uniti nel 1958, su «Fatima Findings», la rivista di padre Ryan e il 22 giugno 1959 sul quotidiano portoghese «A Voz».

[149] È anche significativo questo passo di suor Lucia: «Ciò che offende soprattutto il Cuore Immacolato di Maria e il Cuore di Gesù è la caduta delle anime dei religiosi e dei sacerdoti. Il diavolo

Madonna riferita da Giacinta? Potremmo sperare in un malinteso di Giacinta visto che Lucia, nei testi pubblicati, non riferisce quelle parole. Ma, d'altronde, le cose che dice Lucia non prospettano un futuro molto migliore.

La frase riferita da Giacinta impressiona perché nel 1917 tre pastorelli di un remoto villaggio portoghese non potevano immaginare che di lì a pochi anni sarebbero state davvero «inventate» e realizzate armi atomiche effettivamente capaci di scrivere la parola «fine» sul mondo e sulla storia dell'umanità.

I pastorelli non potevano saperlo. Invece Colei che parlava loro e che pronunciò quelle parole sapeva.

Che – in questa epoca – sia diventato purtroppo realistico parlare di «fine del mondo» o quantomeno considerare questa tragedia apocalittica nel novero delle possibilità concrete, lo dice la ragione stessa e lo conferma la cronaca.

Tanto che già un grande papa come Paolo VI, il papa che portò a compimento il Concilio Vaticano II, negli anni Settanta, ne parlava seriamente con l'amico Jean Guitton:

C'è un grande turbamento in questo momento nel mondo della Chiesa, e ciò che è in questione è la fede. Capita ora che mi ripeta la frase oscura di Gesù nel

sa che per ogni religioso o sacerdote che rinnega la sua eccelsa vocazione, molte anime sono trascinate all'inferno».

Vangelo di san Luca: «Quando il Figlio dell'Uomo ritornerà, troverà ancora la fede sulla Terra?». [...] Rileggo talvolta il Vangelo della fine dei tempi, e constato che in questo momento emergono alcuni segni di questa fine. Siamo prossimi alla fine? Questo non lo sapremo mai. Occorre tenersi sempre pronti, ma tutto può durare ancora molto a lungo.[150]

Per tornare alla «profezia» riferita da Giacinta bisogna poi considerare che si tratta di rivelazioni private e che questa è una profezia condizionata, cioè indica ciò che può accadere se l'umanità non si pente e non cambia vita.

È davvero arduo affermare che questa cosa si sia verificata. Parrebbe l'esatto contrario: si è presa la strada opposta.

Tuttavia, a Fatima si insiste molto sulla Russia, sulla consacrazione e la conversione della Russia. Suor Lucia diceva, in quel dialogo del 1957, che «la Russia sarà lo strumento scelto da Dio per punire il mondo intero, se prima non otterremo la conversione di quella disgraziata nazione».

E in questo caso bisogna riconoscere che qualcosa di grandioso è davvero accaduto: non solo il crollo (incruento) del comunismo, del regime dell'ateismo ideologico che aveva tentato di cancellare Dio e la fede dal mondo, ma addirittura un cambiamento così radicale per cui oggi la Russia è uno dei gran-

---

[150] In Jean Guitton, *Paolo VI segreto*, Edizioni San Paolo, Cinisello Balsamo (Mi) 1985, pp. 152-153.

di Paesi dove la religione cristiana è più importante nella vita sociale e non è osteggiata e combattuta come in Europa occidentale.

Ecco che qui si vede la grandezza del disegno di Benedetto XVI: in un momento storico folle, in cui l'Occidente, sempre più scristianizzato, ha assurdamente respinto e aggredito la Russia (questa Russia finalmente libera e tornata cristiana) e ha cercato di emarginarla, riconsegnandola all'isolamento asiatico o all'abbraccio della Cina comunista, il dialogo che il papa aveva intrapreso con la Chiesa ortodossa russa puntava a realizzare il sogno di Giovanni Paolo II: un'Europa di popoli uniti dalle loro radici cristiane dall'Atlantico agli Urali.

Quello piantato da Benedetto XVI – e oggi innaffiato dalla sua potente preghiera – è un seme evangelico che davvero potrà far germogliare qualcosa di meraviglioso. Non solo per la cristianità, ma per tutta l'Europa e per il mondo intero. Per scongiurare una folle fine della storia.

«Tutto può essere»

Possiamo, nel silenzio della «notte oscura», ascoltare tuttavia la Parola. Credere non è altro che, nell'oscurità del mondo, toccare la mano di Dio e così, nel silenzio, ascoltare la Parola, vedere l'Amore.[151]

Benedetto XVI

C'è un antico e celebre documento, carico di mistero, che s'intitola *Prophetia Sancti Malachiae Archiepiscopi, de Summis Pontificibus* ed è noto più semplicemente come *La profezia di Malachia*.

Consiste in un elenco di 111 papi, ciascuno con un motto in latino di difficile comprensione.

La misteriosa profezia, attribuita a san Malachia di Armagh (1095-1148), amico di san Bernardo di Chiaravalle, fu pubblicata nel 1595 dal monaco benedettino Arnold de Wyon, inserita in un'apocalittica storia della Chiesa in cinque volumi, il *Lignum Vitae*, che vede al centro il suo ordine.

Questo testo – che circolava già negli ambienti ecclesiastici prima della pubblicazione di Wyon – propone un elenco di pontefici che parte da Celestino II (papa dal 1143) e arriva fino all'ultimo

---

[151] Benedetto XVI in occasione della conclusione degli esercizi spirituali della Curia romana, 23 febbraio 2013, https://bit.ly/2IYy-QWr.

che – a prima vista – corrisponderebbe alla fine dei tempi.

La questione si fa interessante per noi perché l'elenco dei papi futuri si conclude proprio ai giorni nostri: l'ultimo papa, «*Gloria olivae*», coincide infatti con Benedetto XVI.

Dopo il motto relativo a lui si legge questa inquietante conclusione: «Durante l'ultima persecuzione della Santa Romana Chiesa, siederà Pietro Romano, che farà pascolare il gregge fra molte tribolazioni. Passate queste, la città dei sette colli sarà distrutta e il tremendo Giudice giudicherà il suo popolo. Fine».

Non proprio tranquillizzante. Ma secondo gli interpreti quelle parole non significano che la profezia di Malachia annunci la fine del mondo per la nostra epoca. Però sembra prospettare – dopo «*Gloria olivae*» (Benedetto XVI) – una sorta di «fine» della Chiesa, ovvero una sua crisi mai vista prima, un suo oscuramento apocalittico. La fine di Roma simboleggia forse la fine del papato o una sua gravissima crisi?

Secondo Alfredo Barbagallo sarebbe «del tutto erroneo» leggervi «la fine del mondo»: si tratta piuttosto della «fine del papato».[152]

Lo si desumerebbe anche dal fatto che il succes-

---

[152] Alfredo Maria Barbagallo, *La profezia di Malachia di Armagh sui papi*, https://bit.ly/2RNDQRI.

sore dell'ultimo papa in elenco non è definito papa, come i precedenti, ma con la strana formula: «*Petrus Romanus*». In un altro testo manoscritto, forse più antico, custodito presso i benedettini olivetani di Rimini, è però definito «*Petrus Secundus*».[153]

Un'espressione che – più che alludere a un papa con questo nome, non essendoci un pontefice così chiamato ed essendo del tutto improbabile che ce ne sia uno che osi sceglierlo – potrebbe forse significare una sorta di «secondo papa», che opera in contemporanea con il precedente. O un «vice papa», un facente funzioni (forse «un vescovo vestito di bianco»?).

Saverio Gaeta segnala anche una coincidenza: «È singolare notare che il giorno nel quale è stato eletto papa Bergoglio, il 13 marzo, il Martirologio Romano festeggia il beato Pietro II (morto nel 1208), abate del monastero della Santissima Trinità di Cava dei Tirreni».[154]

Sarà un caso, ma, come diceva il cardinale Giacomo Biffi, il caso talvolta è l'abito che la Provvidenza usa quando viaggia in anonimato.

Dunque, l'ultimo papa sarebbe «*Gloria olivae*», però viene menzionato anche questo enigmatico «Pietro Romano (o Secondo)». Perché questa ano-

---

[153] Barbagallo indica come fonte *La profezia dei sommi pontefici romani con illustrazioni e note*, Ferrara 1794, p. 30. Si può leggere online al sito https://bit.ly/2J7qPyF.
[154] Saverio Gaeta, *La profezia dei due papi*, cit., p. 71

malìa? Non è un papa autentico? E si riferisce a Jorge Mario Bergoglio che risulta essere il successore di Benedetto XVI?

Anche il motto «*Petrus Romanus*» calzerebbe bene a Bergoglio per essersi lui ripetutamente autodefinito «vescovo di Roma», fin dalla sera della sua elezione.

Ma pure per il fatto che Benedetto XVI resta tuttora papa, sia pure contemplativo, e lui sembra un secondo papa in attività. Inoltre, il suo tempo – nella *Profezia di Malachia* – è connotato dalle «molte tribolazioni» del gregge, cioè dalla sofferenza che vivono i cristiani sotto il suo pontificato. Come in effetti accade.

In ogni caso la serie dei pontefici si interrompe al 111°, con Benedetto XVI. Cosa accade dopo? Questo è il problema. C'è una misteriosa rottura.

Si è sempre fatto l'errore di credere che la cosiddetta *Profezia di Malachia* consistesse in una serie di indovinelli, relativi a ciascun papa, come se fosse qualcosa di simile agli enigmi di Nostradamus. Così ci si è sbizzarriti a tentarne la decifrazione e si è dibattuto su ogni definizione per mostrarne la pertinenza o l'assurdità. Ma, in tal modo, si è finiti fuori strada e non si è capito il senso di quel misterioso testo.

Si è anche discusso sull'origine e l'autore, e qui bisogna dire che non abbiamo documenti che possano attribuirne la paternità diretta a san Malachia.

Ma, d'altra parte, è illogico dedurne che allora è un testo senza valore profetico. Le due cose non hanno alcun legame logico fra di loro.

Nulla impedisce peraltro che il riferimento a Malachia sia simbolico o dovuto ad altre ragioni e sia stato fatto per motivi spirituali.

Di sicuro è un testo che affascina. Ne ha scritto più volte Vittorio Messori e pure Sergio Quinzio nel 1995 in *Mysterium iniquitatis*.[155]

Affascina soprattutto oggi perché la serie dei papi finisce nel nostro tempo e – guarda caso – proprio oggi si verifica una situazione inedita che vede la compresenza di due papi, una situazione simile al finale della profezia. Siamo dunque indotti a pensare che proprio lì stia la vera profezia.

Ma allora cerchiamo di capire. Ci sono indizi che inducono a identificare davvero quei due personaggi con Benedetto XVI e Jorge Mario Bergoglio?

Qui è interessante seguire lo studio di Alfredo Barbagallo intitolato *La profezia di san Malachia di Armagh sui papi*, che è parte di una più ampia ricerca sulle reliquie cristiane intitolata *I tesori di san Lorenzo*.[156]

Barbagallo ricorda anzitutto che l'identificazione di Benedetto XVI con l'ultimo motto «*Gloria*

---

[155] Sergio Quinzio, *Mysterium iniquitatis*, Adelphi, Milano 1995.
[156] Alfredo Maria Barbagallo, *I tesori di san Lorenzo*, Edizioni Segno, Tavagnacco (Ud) 2017. È un volume di 682 pagine di cui però è appena uscita anche una versione ridotta e più accessibile.

olivae» rimanda all'ulivo come simbolo dei benedettini olivetani (dove si legano il nome Benedetto e l'ulivo), fondati da san Bernardo Tolomei che fu canonizzato il 26 aprile 2009 proprio da Benedetto XVI. A mio avviso questa canonizzazione del fondatore degli Olivetani potrebbe essere la spiegazione del motto «*Gloria olivae*» riferito a Benedetto XVI.

Ma c'è anche il riferimento al papa che denunciò l'«inutile strage» della Prima guerra mondiale e che dunque – come papa della pace – richiama il simbolismo dell'olivo: è stato Benedetto XVI – come si è visto, nella sua prima udienza da pontefice – a spiegare la scelta del nome col richiamo a papa Benedetto XV e a san Benedetto.

Del resto è un benedettino quell'Arnold de Wyon che custodiva l'antico testo di san Malachia e che lo pubblicò a Venezia nel 1595, in quella sua storia apocalittica della Chiesa. Wyon non si limitò alla pubblicazione, infatti – spiega Barbagallo – «egli commissiona personalmente delle raffigurazioni pittoriche ed artistiche sul soggetto ecclesiastico della Gloria benedettina».[157]

Una si trova nel convento benedettino della Scolca, nell'area di Rimini. Poi fa eseguire la stessa figurazione da Antonio Vassilacchi (nel 1592) nella basilica benedettina di San Pietro, a Perugia: è una

---

[157] Alfredo Maria Barbagallo, *La profezia di Malachia di Armagh sui papi*, cit.

delle tele più grandi che esistano e l'insieme delle figure lì rappresentate (papi, cardinali, vescovi e fondatori di ordini che attorniano san Benedetto) fa trasparire, nel suo insieme, un volto mostruoso: il demonio o l'anticristo.

«Evidente qui la volontà di Wyon» scrive Barbagallo «di lanciare un messaggio particolare di salvaguardia della Chiesa futura nella lotta contro il Male».[158]

Infine Wyon – spiega ancora Barbagallo – fa realizzare la stessa rappresentazione in Piemonte (oggi è conservata ad Alessandria), «all'abbazia benedettina ora non più esistente di San Pietro in Bergoglio, non distante da Boscomarengo».

Torna il riferimento a san Pietro in ambedue le chiese, ma soprattutto qua colpisce il nome «Bergoglio».

Non si sa perché Wyon scelse proprio quella fondazione benedettina, ma sorprende l'emergere di quel nome che rimanda oggi al successore di Benedetto XVI e che nella serie dei papi dovrebbe essere «*Petrus Romanus*». Un'indicazione diretta di Wyon?

In tutte queste opere Wyon, peraltro, ha voluto lasciare riferimenti apocalittici ai libri dell'Antico e del Nuovo Testamento.

Ma le coincidenze non sono finite. Barbagallo riprende un vecchio libro scritto da un padre gesuita

[158] Ivi.

francese, monsignor René Thibaut e pubblicato nel 1951 (con imprimatur ecclesiastico): *La mystérieuse prophétie des Papes.*

Padre Thibaut, attraverso una serie di complicati calcoli, afferma che la fine cronologica della profezia di san Malachia, come ciclo pontificale, avverà nell'anno 2012.

Barbagallo nota che in effetti – secondo le notizie ufficiali – la data in cui Benedetto XVI comunica al suo segretario di Stato la sua volontà di ritiro è il 30 aprile 2012 (l'annuncio pubblico sarà però fatto l'11 febbraio 2013).

In base a cosa padre Thibaut era giunto a indicare proprio il 2012 come anno finale del ciclo profetico dei pontefici?

Assumendo come asse centrale della *Profezia di Malachia* il pontificato di san Pio V (1504-1572) che era stato fondamentale nella formazione del Wyon. Ed ecco un'altra serie di coincidenze: san Pio V è originario proprio di Boscomarengo nella cui area sorgeva l'abbazia di San Pietro in Bergoglio (da qui ha origine anche il nucleo famigliare di Bergoglio).

Pio V muore il 1° maggio 1572, esattamente 440 anni prima della decisione di ritiro di Benedetto XVI (30 aprile 2012). Ma 440 anni prima della morte di san Pio V, nel 1132, si ha l'ordinazione di san Malachia di Armagh (il titolare della profezia dei papi) come arcivescovo e primate d'Irlanda. Due fasi di 440 anni ciascuna ed ecco che il ciclo è compiuto.

Ricordo che san Pio V è il papa della vittoria di Lepanto, è colui che mette in atto quanto deciso dal Concilio di Trento (in risposta all'eresia luterana) e colui che promulgò la messa tridentina a cui Benedetto XVI ha ridato cittadinanza nella Chiesa (è uno dei connotati del suo pontificato).

Bergoglio è stato invece protagonista di una sorta di «riabilitazione» di Lutero, di un attacco alle norme tradizionali di accesso all'Eucaristia (fino all'intercomunione con i protestanti) e sembra puntare a una riforma ecumenica della messa che, se attuata nei termini che si paventano, provocherebbe un trauma fortissimo nella Chiesa, forse fino allo scisma.

Barbagallo ha il merito di aver intuito che il vero significato profetico di questo elenco di papi potrebbe consistere proprio nel predire al tempo di «*Gloria olivae*» una grande frattura, una grave crisi o quasi una fine del papato e della Chiesa.

Il richiamo finale della profezia alla persecuzione dei cristiani e a una sorta di scomparsa del papato induce Barbagallo a dare anche una lettura simbolico-teologica del motto dell'ultimo papa «*Gloria olivae*».

Infatti, nel suo *excursus* storico l'autore ritrova san Malachia e il papa del suo tempo in relazione a importantissime reliquie della Passione di Cristo e al luogo del suo inizio: l'Orto degli ulivi a Gerusalemme.

Secondo una tradizione mistica e scritturistica (si veda il Catechismo della Chiesa cattolica, nn. 675-677)[159] la Chiesa nella storia dovrà rivivere la stessa Passione del suo Signore. A cominciare dalla notte dell'Orto degli ulivi (*Gloria olivae*) che potrebbe ripetersi proprio al tempo del papa «*Gloria olivae*» (Benedetto XVI).

In quella notte di Gesù, con il tradimento di Giu-

---

[159] «675. Prima della venuta di Cristo, la Chiesa deve passare attraverso una prova finale che scuoterà la fede di molti credenti. La persecuzione che accompagna il suo pellegrinaggio sulla terra svelerà il "mistero di iniquità" sotto la forma di una impostura religiosa che offre agli uomini una soluzione apparente ai loro problemi, al prezzo dell'apostasia dalla verità. La massima impostura religiosa è quella dell'Anti-Cristo, cioè di uno pseudo-messianismo in cui l'uomo glorifica se stesso al posto di Dio e del suo Messia venuto nella carne.

«676. Questa impostura anti-cristica si delinea già nel mondo ogniqualvolta si pretende di realizzare nella storia la speranza messianica che non può essere portata a compimento se non al di là di essa, attraverso il giudizio escatologico; anche sotto la sua forma mitigata, la Chiesa ha rigettato questa falsificazione del regno futuro sotto il nome di millenarismo, soprattutto sotto la forma politica di un messianismo secolarizzato "intrinsecamente perverso".

«677. La Chiesa non entrerà nella gloria del Regno che attraverso quest'ultima pasqua, nella quale seguirà il suo Signore nella sua morte e risurrezione. Il Regno non si compirà dunque attraverso un trionfo storico della Chiesa secondo un progresso ascendente, ma attraverso una vittoria di Dio sullo scatenarsi ultimo del male che farà discendere dal cielo la sua Sposa. Il trionfo di Dio sulla rivolta del male prenderà la forma dell'ultimo giudizio dopo l'ultimo sommovimento cosmico di questo mondo che passa.» Si veda al sito https://bit.ly/2QUqVMA.

da, la fuga degli apostoli e il rinnegamento di Pietro, tutto sembrò perduto e finito. Anche per i cattolici oggi sembra una notte dolorosa in cui tutto pare perduto. Ma dopo il buio del Getsemani viene la luminosa mattina di Pasqua.

***

Nel giugno 2016 Paul Badde, storico corrispondente da Roma della rete televisiva americana EWTN, realizzò una singolare intervista con monsignor Gänswein. L'intervistatore – a un certo punto – fa riferimento alla *Profezia di Malachia*, secondo cui Benedetto XVI sarebbe l'ultimo papa.

La risposta di monsignor Gänswein è sorprendente: «Infatti, se si considera la profezia, e come in essa ci siano precisi riferimenti ai papi citati nella sua storia – ciò mi dà i brividi». Certo, spiegava, i cattolici non sono tenuti a credere a questo testo, tuttavia, «parlando per esperienza storica, bisogna dire: "Sì, è un campanello d'allarme"».[160]

Parole inattese che fanno riflettere. Ma ancora più sorprendente è stata la risposta di Benedetto XVI quando la stessa domanda gli è stata posta da Peter Seewald. Troviamo tutto in *Ultime conversazioni*, il libro, come abbiamo già visto, uscito quando Ratzinger era già papa emerito.

[160] Si veda la traduzione dell'intervista integrale al sito https://bit.ly/2EoIbYW.

Domanda Peter Seewald a Benedetto XVI: «Lei conosce la profezia di Malachia, che nel Medioevo compilò una lista di futuri pontefici, prevedendo anche la fine del mondo, o almeno la fine della Chiesa. Secondo tale lista il papato terminerebbe con il suo pontificato. E se lei fosse effettivamente l'ultimo a rappresentare la figura del papa come l'abbiamo conosciuto finora?».

La risposta di Ratzinger lascia attoniti: «Tutto può essere». Poi addirittura aggiunge: «Probabilmente questa profezia è nata nei circoli intorno a Filippo Neri».[161]

Anzitutto la chiama «profezia», poi – a sorpresa – la riconduce a un grande santo e mistico della Chiesa, dotato di molti carismi: san Filippo Neri. Quindi dà la fondata impressione di aver alquanto approfondito l'argomento e di ritenere possibile di essere – in qualche modo – «l'ultimo papa».

Conclude con una battuta di alleggerimento: «Non per questo, però, si deve dedurre che [il papato] finirà davvero. Piuttosto che la sua lista non era ancora abbastanza lunga». Ma quella sua prima risposta non può che stupire.

Dunque, Benedetto XVI potrebbe essere l'ultimo papa o almeno – secondo la versione dell'intervista-

---

[161] Benedetto XVI (con Peter Seewald), *Ultime conversazioni*, cit., posizione Kindle 2763.

tore – l'ultimo ad aver esercitato il papato come l'abbiamo conosciuto per duemila anni?

Un altro passo del libro porta in questa direzione. «Lei si vede come l'ultimo papa del vecchio mondo» domanda Seewald «o come il primo del nuovo?» Risposta: «Direi entrambi».

Poi Benedetto XVI aggiunge: «Io non appartengo più al vecchio mondo, ma quello nuovo in realtà non è ancora incominciato».

E qui l'intervistatore pone la domanda su papa Bergoglio, ovvero se la sua elezione sia «il segno esteriore di una svolta epocale» e se «con lui inizia definitivamente una nuova era».

Ma a questo punto Benedetto XVI sorprende di nuovo: «Le ripartizioni temporali sono sempre state decise a posteriori. […] Solo a posteriori si è visto come si sono sviluppati i movimenti. Per questo ora non azzarderei una simile affermazione».

Poi parla della scristianizzazione dell'Europa e conclude: «Sono in corso capovolgimenti epocali, ma non si sa ancora a che punto si potrà dire con esattezza che comincia uno oppure l'altro».[162]

In un mio articolo relativo alle scoperte di Barbagallo sulla *Profezia di Malachia*, ho ricordato le affermazioni di Benedetto XVI.

Così Barbagallo mi ha scritto: «Ignoravo l'intervi-

---

[162] Benedetto XVI (con Peter Seewald), *Ultime conversazioni*, cit., posizioni Kindle 2749-2758.

sta, e sono naturalmente colpito dalla breve citazione di essa in cui l'intervistatore domanda al Pontefice sulla Profezia malachiana. La risposta – solo apparentemente sorprendente – da parte del Pontefice riconduce la nascita della Profezia ai "circoli intorno a Filippo Neri". Mi parrebbe di comprendere a prima lettura come queste parole siano parse alla generalità dei commentatori, rispetto alla vicenda reale del testo profetico, come di interpretazione storica difficile ed oscura, sino a non essere di fatto compreso. Mi permetto invece di segnalare come a mia prima impressione la formulazione da parte del Pontefice paia rivelarsi come di precisione ed esattezza storica assolute».

Barbagallo evidenzia qualcosa di importante: «La celebre profezia sui pontefici romani risale per tradizione al primo XII secolo, per la figura del vescovo irlandese Malachia di Armagh, maestro di san Bernardo di Chiaravalle. La citazione materiale della profezia e il suo testo risalgono però al tardo XVI secolo, attraverso la figura del dotto monaco benedettino Arnold de Wyon, che la riporta nel suo *Lignum Vitae*. I motti pontificali di precedenza vengono però, per comunicazione stessa di Wyon, interpretati filologicamente da un dotto e notissimo domenicano, ossia mons. Alfonso Chacòn ("Ciacconius"). E Chacòn fa effettivamente e prestigiosamente parte del celebre cenacolo culturale nato intorno a Filippo Neri, sotto il nome di Oratorio, insieme ad altri grandi intellettuali d'epoca (Bosio e altri)».

Fra l'altro – nota Barbagallo – «il *Lignum Vitae*, che riporta la profezia, è stampato a Venezia da Wyon nel 1595. Ma quello è l'anno della scomparsa di Filippo Neri. La conclusione di tutto ciò parrebbe evidente. La citazione storica da parte di Papa Ratzinger sul testo della profezia [...] parrebbe del tutto precisa. [...] Benedetto XVI nell'intervista citata pare quindi correttamente ricondursi a una vicenda originaria, e sostanzialmente trasmettere la sensazione di una autorevole conoscenza della sua realtà storica».

Peraltro Barbagallo sottolinea che gli studiosi di san Filippo Neri hanno evidenziato un legame fra lui e san Malachia in quanto risalirebbe proprio al vescovo irlandese e a san Bernardo da Chiaravalle il motto programmatico che san Filippo adottò: «*Spernere mundum, spernere nullum, spernere se ipsum, spernere se sperni*».[163]

Da tutta questa vicenda ricaviamo la certezza che è, il nostro, un tempo davvero drammatico, di grandi cambiamenti epocali e – come si è detto – apocalittico. È perciò naturale scrutare le profezie, ma anzitutto occorre meditare su quelle che fanno parte della rivelazione pubblica a cui fanno

[163] «Disprezzare il mondo, non disprezzare alcuno, disprezzare se stesso, non far conto d'essere disprezzato.»

riferimento i nn. 675-677 del Catechismo della Chiesa cattolica.

È infatti nella Sacra Scrittura che si trovano le luci che illuminano il cammino anche nelle epoche più buie. Oggi, per esempio, vengono rilette con molta attenzione le parole del profeta Daniele (8,10-14) che valgono come monito per i cristiani di ogni tempo:

S'innalzò fin contro la milizia celeste e gettò a terra una parte di quella schiera e delle stelle e le calpestò. S'innalzò fino al capo della milizia e gli tolse il sacrificio quotidiano e fu profanata la santa dimora.
In luogo del sacrificio quotidiano fu posto il peccato e fu gettata a terra la verità; ciò esso fece e vi riuscì.
Udii un santo parlare e un altro santo dire a quello che parlava: «Fino a quando durerà questa visione: il sacrificio quotidiano abolito, la desolazione dell'iniquità, il santuario e la milizia calpestati?».
Gli rispose: «Fino a duemilatrecento sere e mattine: poi il santuario sarà rivendicato».

Conclusione

Una volta (ri)scoperto il ministero di Benedetto XVI e la sua attuale missione, per la Chiesa e l'umanità, i cattolici possono rendersi conto che non sono soli. Hanno un padre e una strada da seguire.

Dunque ai confusi e agli sfiduciati di questo tempo di prova e di tenebre si spalanca davanti la vera «opzione Benedetto».

Primo. Restare saldi nella fede cattolica, attingendo all'insegnamento di Benedetto XVI e al magistero di sempre della Chiesa. In particolare avendo come punto di riferimento il Catechismo della Chiesa cattolica, uno dei grandi lasciti di Giovanni Paolo II e di Joseph Ratzinger.

Secondo. Uniti a papa Benedetto pregare instancabilmente (offrendo le proprie sofferenze) per la Chiesa e specialmente per la Cattedra di Pietro.

Terzo. Dare testimonianza alla Verità, con mitezza e carità, ma senza accettare nessuna menzogna, disposti a soffrire per la Verità, secondo le parole di

Gesù. Non conformandosi alle ideologie oggi dominanti nemmeno nel giudizio sugli avvenimenti del presente e della storia.

Quarto. Praticare le opere di misericordia spirituale e corporale.

Quinto. Vivere la vera vita della Chiesa, quella dei sacramenti, nella fraternità ricercata con chi condivide la fede cattolica, illuminata dalla Sacra Scrittura.

Ed è la Sacra Scrittura che apre alla speranza:

> Si rallegrino il deserto e la terra arida,
> esulti e fiorisca la steppa.
> Come fiore di narciso fiorisca;
> sì, canti con gioia e con giubilo.
> [...] Essi vedranno la gloria del Signore,
> la magnificenza del nostro Dio.
> Irrobustite le mani fiacche,
> rendete salde le ginocchia vacillanti.
> Dite agli smarriti di cuore:
> «Coraggio! Non temete; ecco il vostro Dio,
> giunge la vendetta,
> la ricompensa divina. Egli viene a salvarvi».
> Allora si apriranno gli occhi dei ciechi
> e si schiuderanno gli orecchi dei sordi.
> Allora lo zoppo salterà come un cervo,
> griderà di gioia la lingua del muto,
> perché scaturiranno acque nel deserto,
> scorreranno torrenti nella steppa.
> [...] Ci sarà una strada appianata
> e la chiameranno Via santa;
> nessun impuro la percorrerà
> e gli stolti non vi si aggireranno.
> Non ci sarà più il leone,

Conclusione

nessuna bestia feroce la percorrerà,
vi cammineranno i redenti.
Su di essa ritorneranno i riscattati dal Signore
e verranno in Sion con giubilo;
felicità perenne splenderà sul loro capo;
gioia e felicità li seguiranno
e fuggiranno tristezza e pianto.

Isaia 35

Indice

TERZA PARTE
Fatima e l'ultimo papa